GUITAR CAPO CHORDS

MADE EASY

by William Bay

MB22095

LARGE PRINT EDITION

BILL'S MUSIC SHELF

2 **Index**

How To Read Chord Diagrams

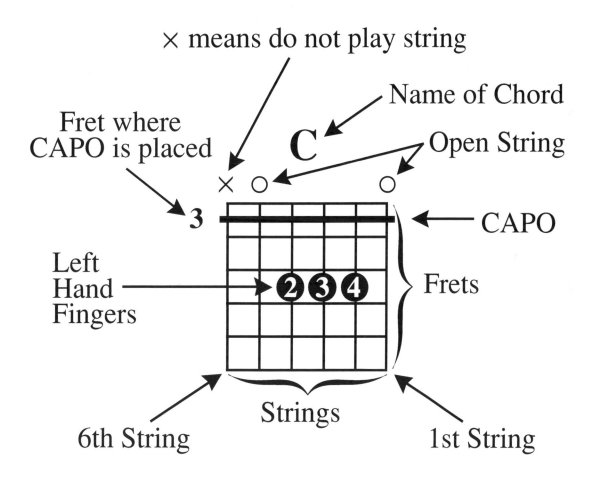

× means do not play string

Name of Chord

Fret where CAPO is placed

C

Open String

× ○ ○

3

CAPO

Left Hand Fingers → ❷❸❹

Frets

Strings

6th String

1st String

Key of C
CAPO 3rd Fret

C

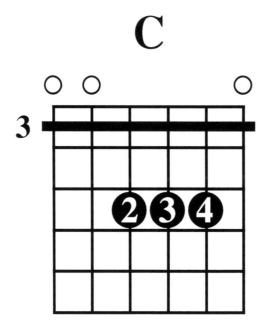

F   **G7**

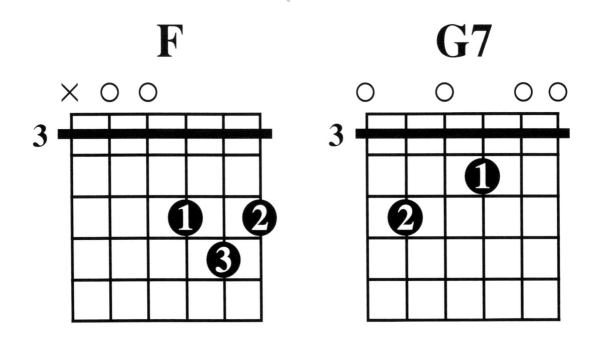

Key of C

CAPO 3rd Fret

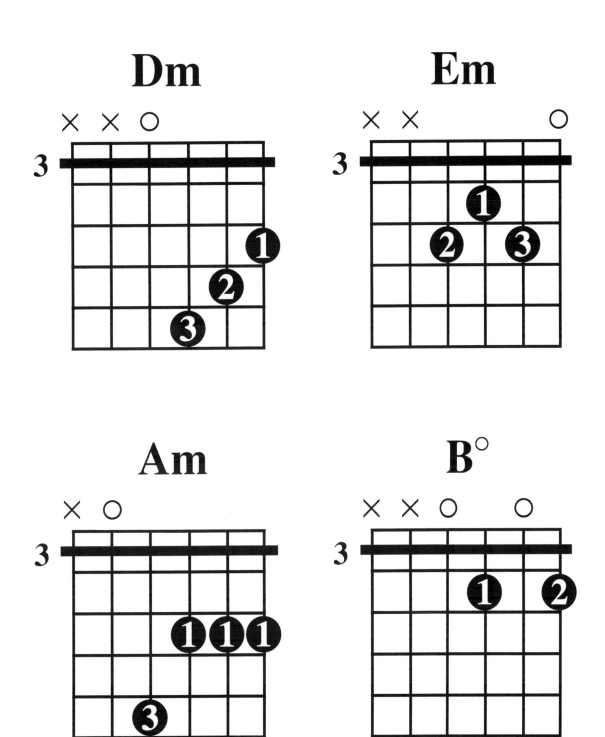

Dm　　　Em

Am　　　B°

Key of C
CAPO 3rd Fret

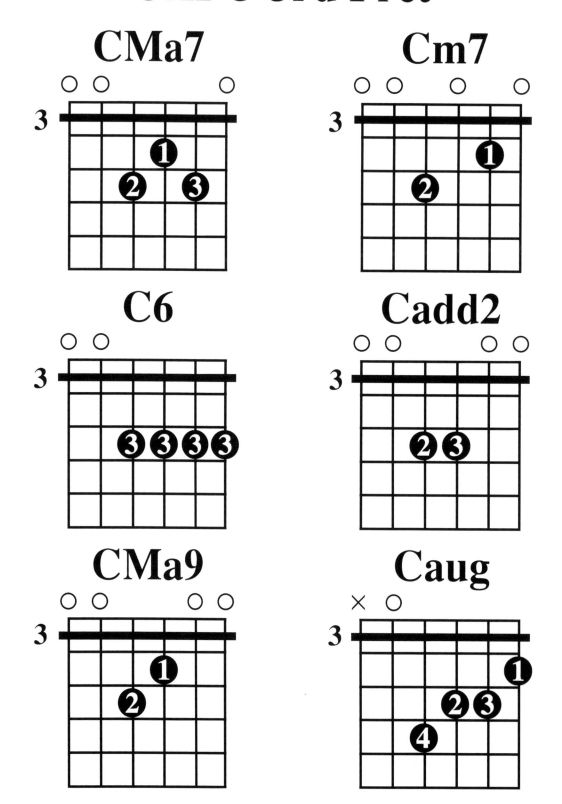

CMa7

Cm7

C6

Cadd2

CMa9

Caug

Key of C
CAPO 5th Fret

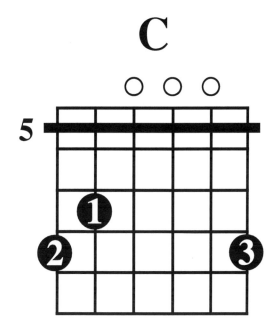

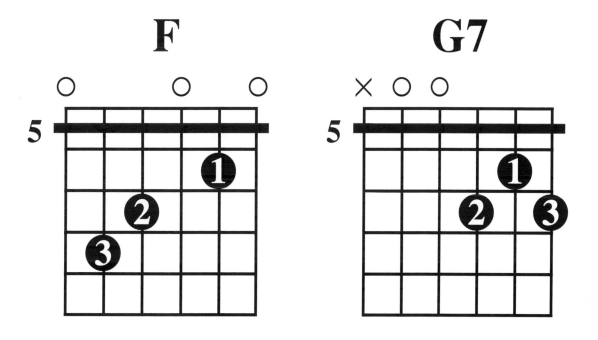

Key of C
CAPO 5th Fret

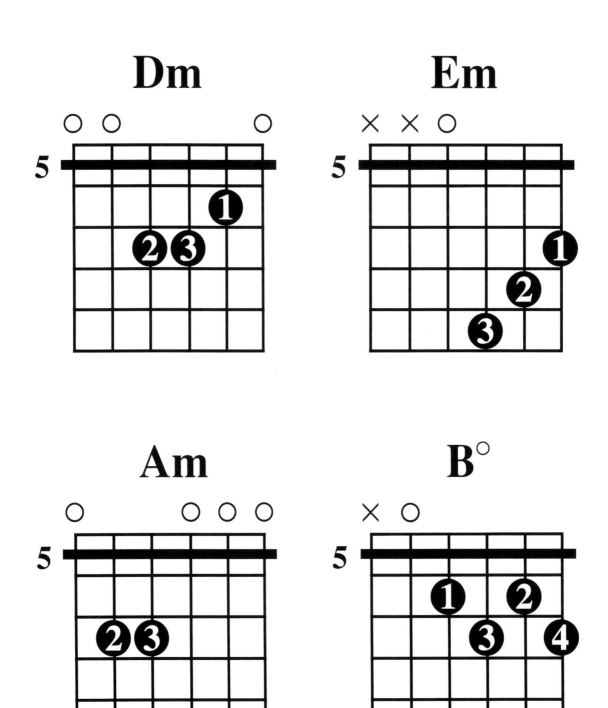

Key of C
CAPO 5th Fret

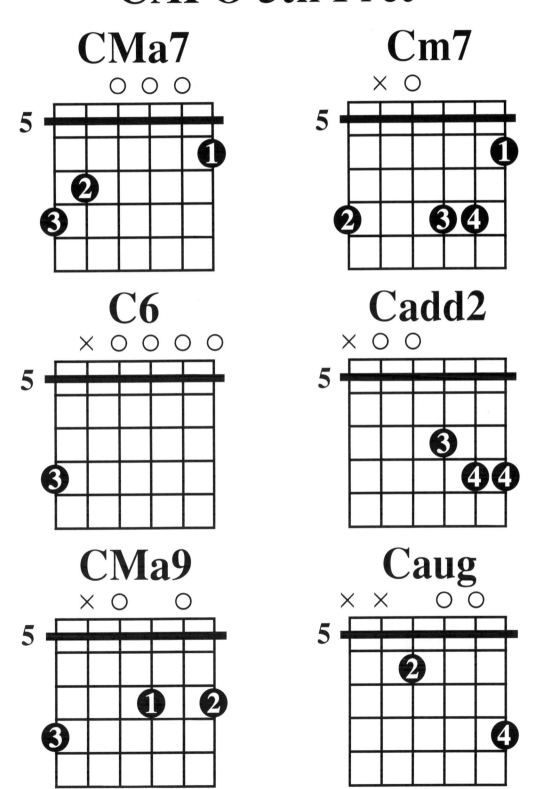

Key of Am
CAPO 5th Fret

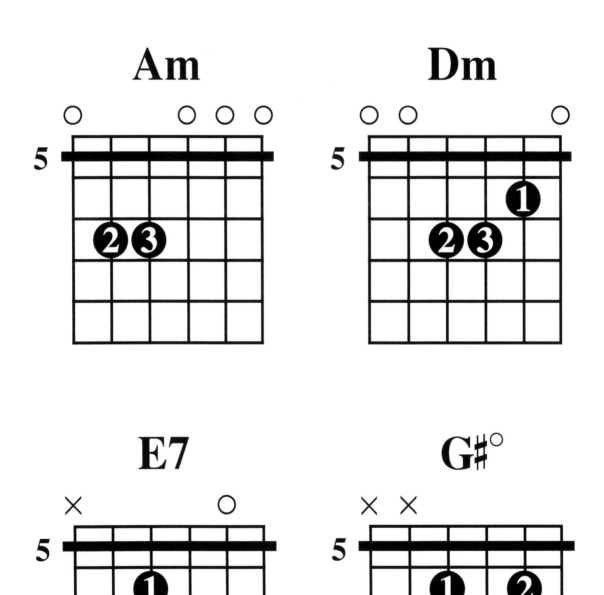

Am

Dm

E7

G#°

Key of Am
CAPO 5th Fret

Am7

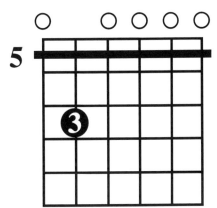

Am6

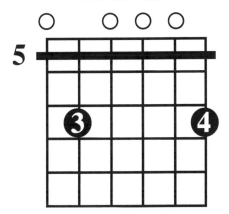

Am-Ma7

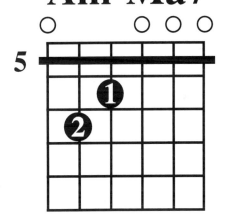

Am9

Am7♭5

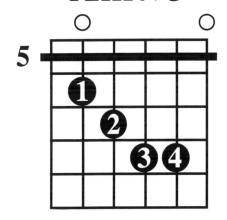

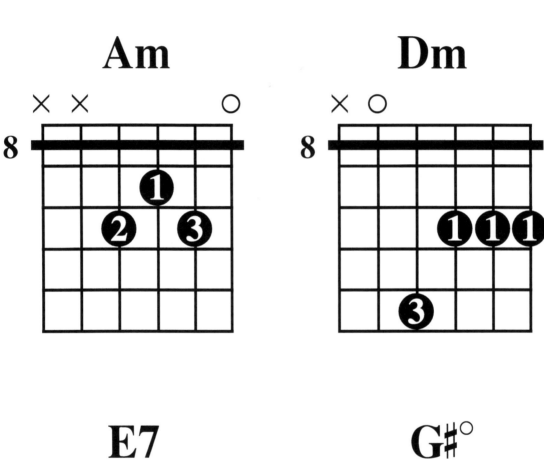

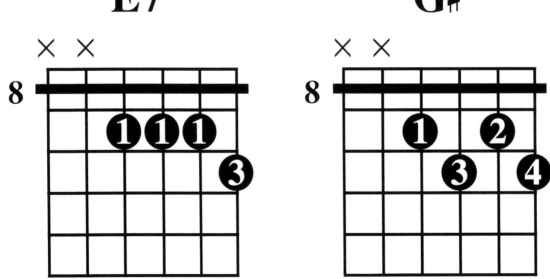

Key of Am
CAPO 8th Fret

Am7
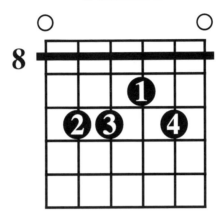

Am6
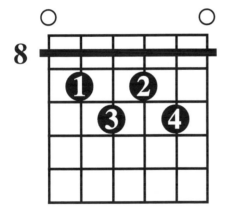

Am-Ma7
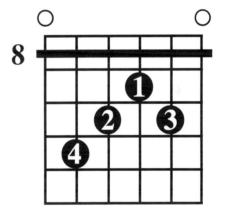

Am9
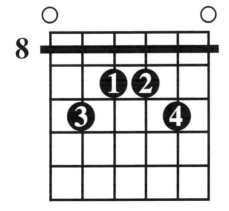

Am7♭5
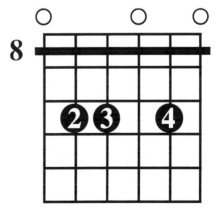

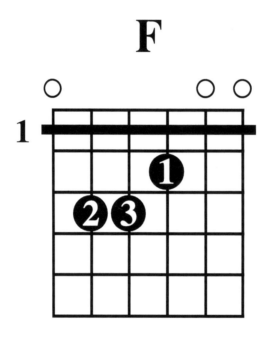

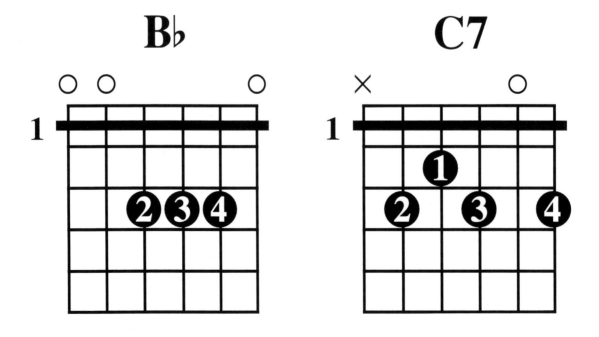

Key of F
CAPO 1st Fret

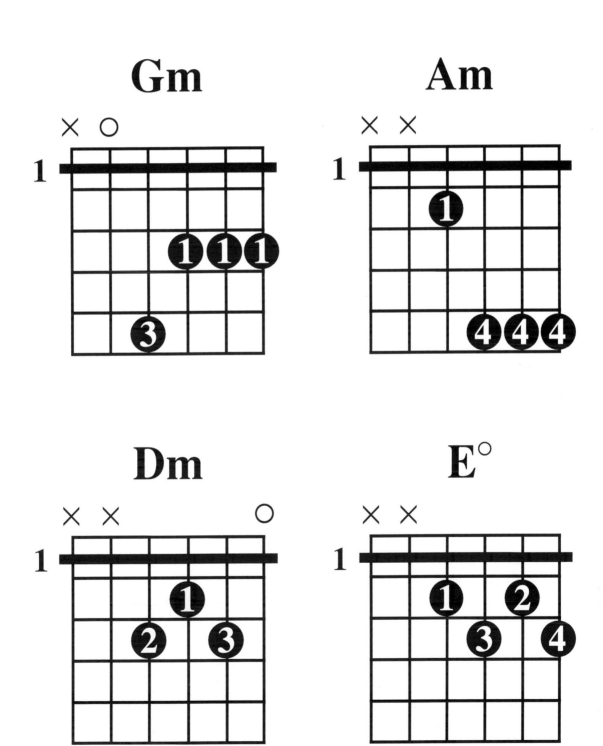

Gm   **Am**

Dm   **E°**

Key of F
CAPO 1st Fret

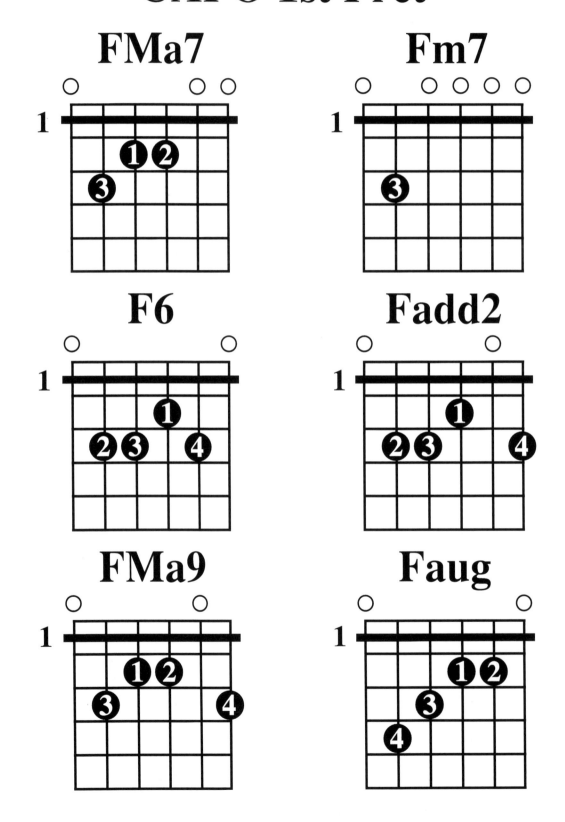

FMa7

Fm7

F6

Fadd2

FMa9

Faug

Key of F
CAPO 5th Fret

F

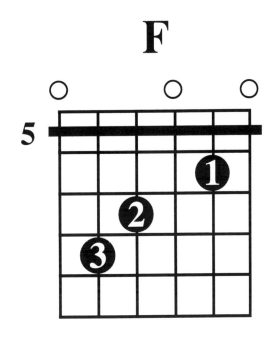

B♭

C7

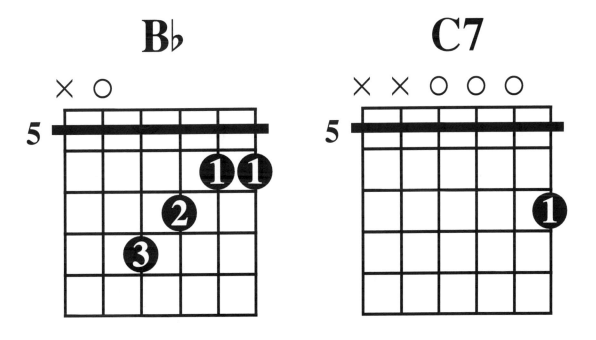

Key of F
CAPO 5th Fret

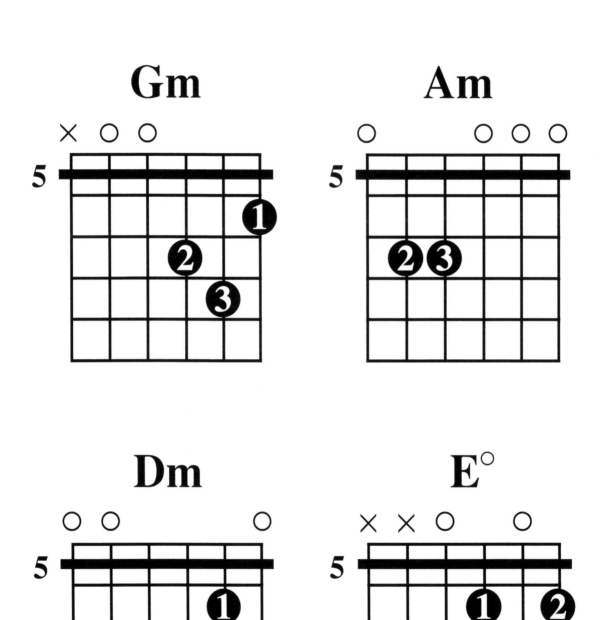

Key of F
CAPO 5th Fret

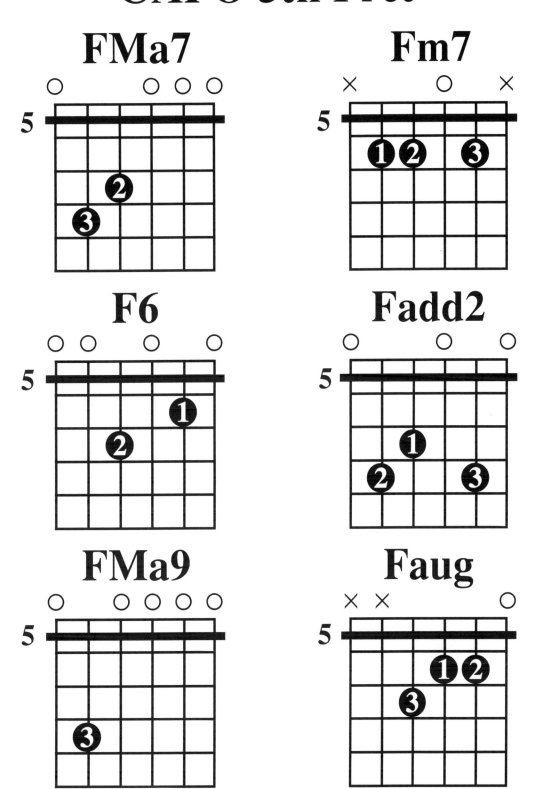

FMa7

Fm7

F6

Fadd2

FMa9

Faug

Key of Dm
CAPO 5th Fret

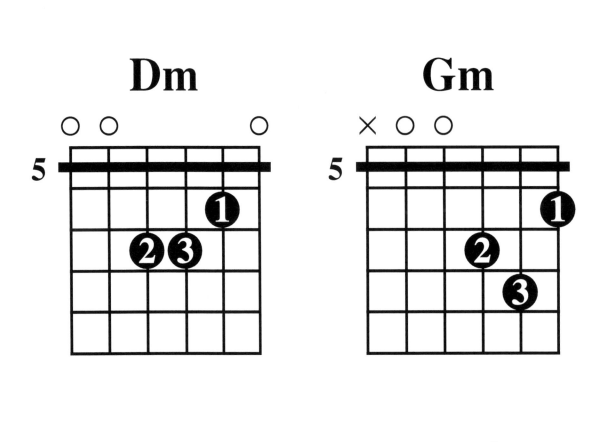

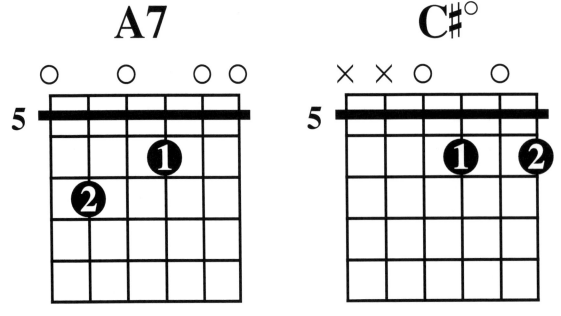

Key of Dm

CAPO 5th Fret

Dm7

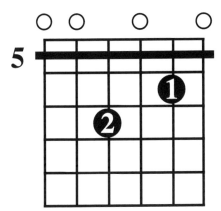

Dm6

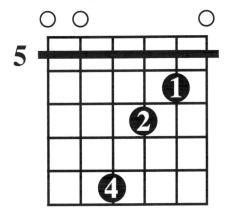

Dm-Ma7

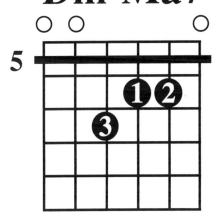

Dm9

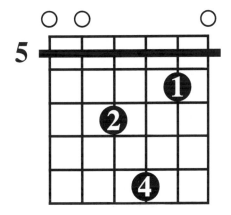

Dm7♭5

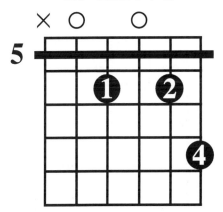

Key of Dm
CAPO 10th Fret

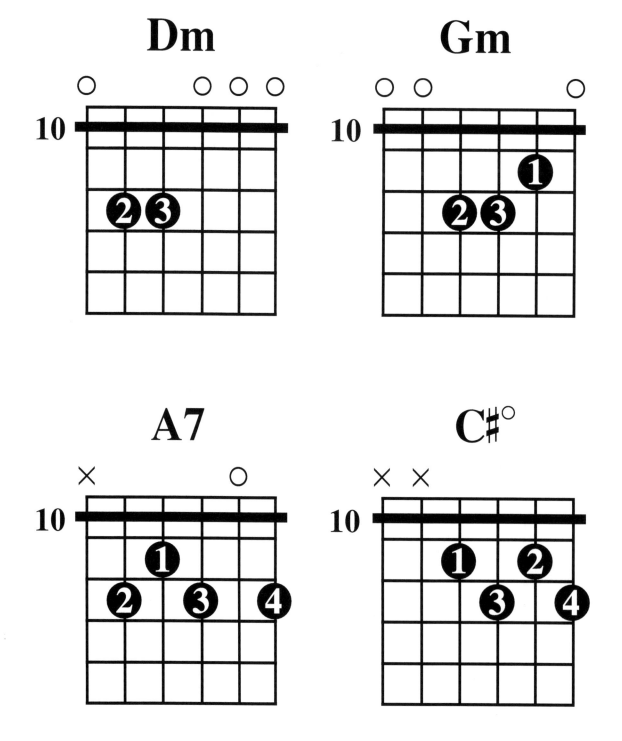

Key of Dm

CAPO 10th Fret

Dm7

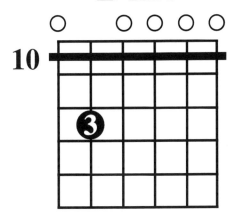

Dm6

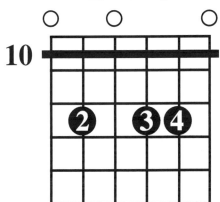

Dm-Ma7

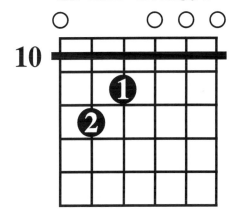

Dm9

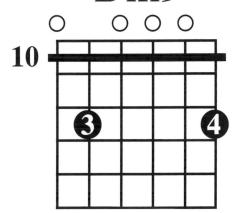

Dm7♭5

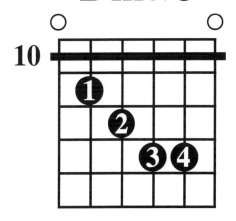

Key of G
CAPO 3rd Fret

G

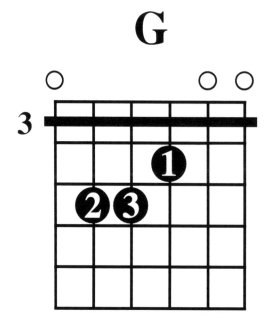

C

D7

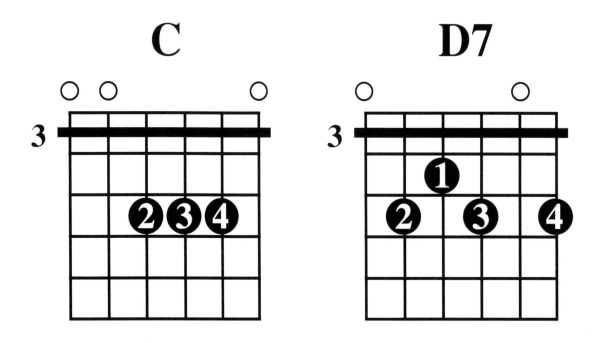

Key of G
CAPO 3rd Fret

Am

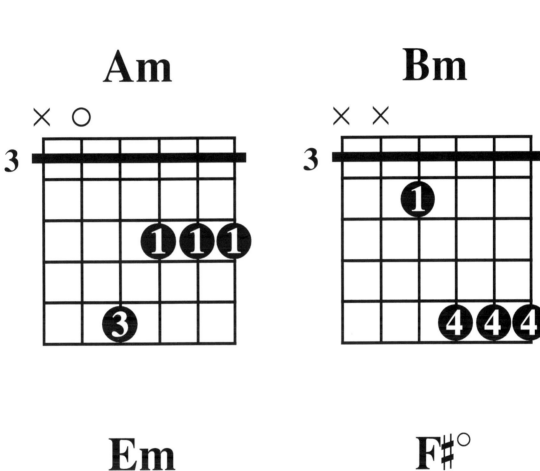

Bm

Em

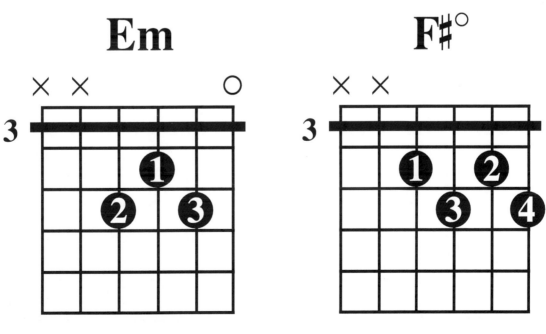

F#°

Key of G
CAPO 3rd Fret

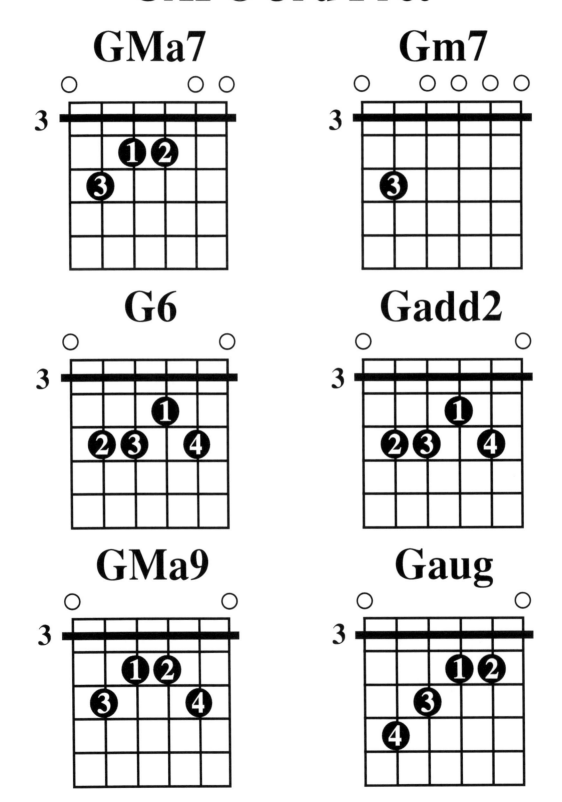

Key of G
CAPO 7th Fret

G

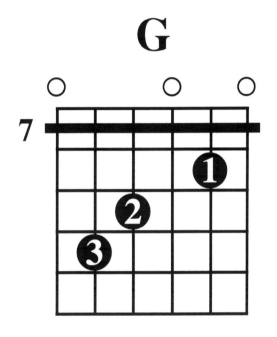

C   **D7**

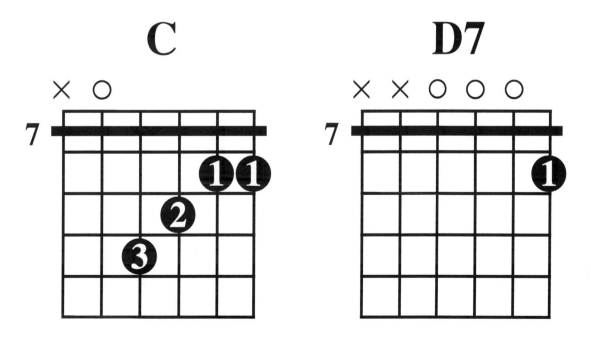

Key of G
CAPO 7th Fret

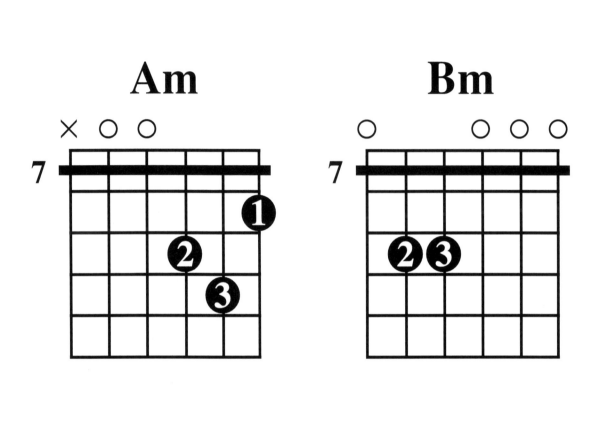

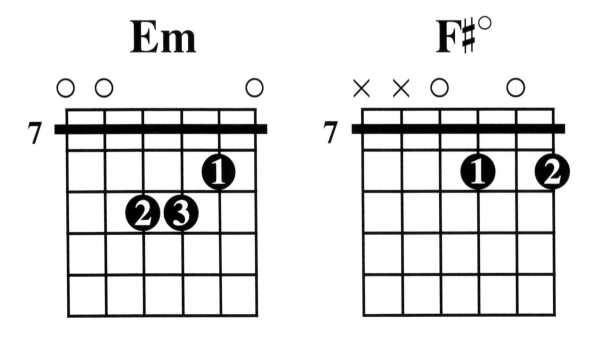

Key of G
CAPO 7th Fret

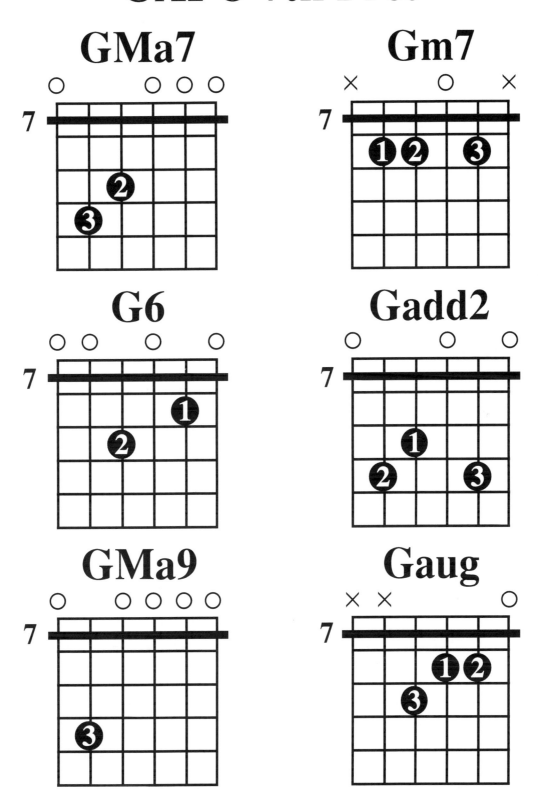

Key of Em
CAPO 3rd Fret

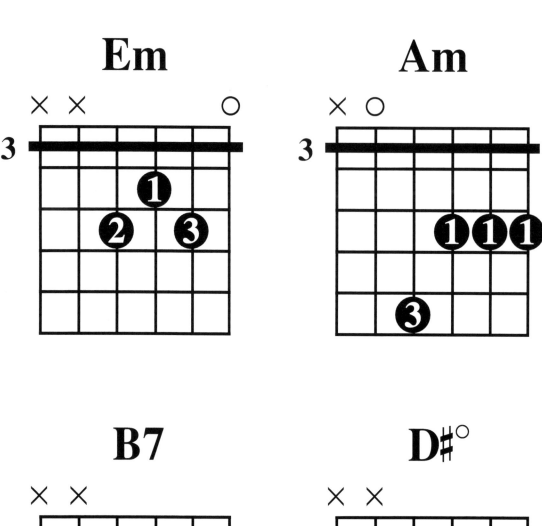

Em **Am**

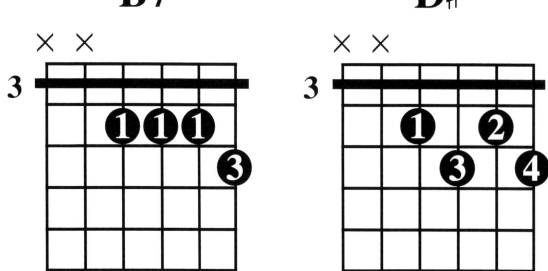

B7 **D#°**

Key of Em
CAPO 3rd Fret

Em7

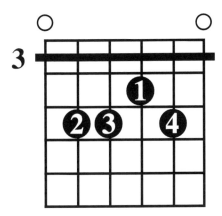

Em6

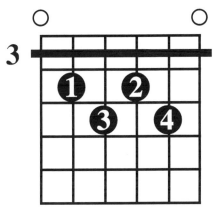

Em-Ma7

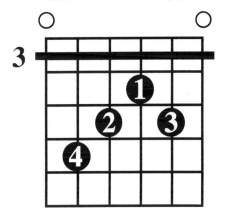

Em9

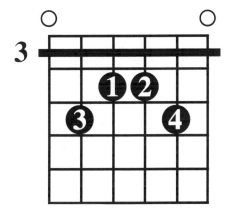

Em7♭5

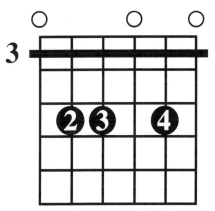

Key of Em
CAPO 7th Fret

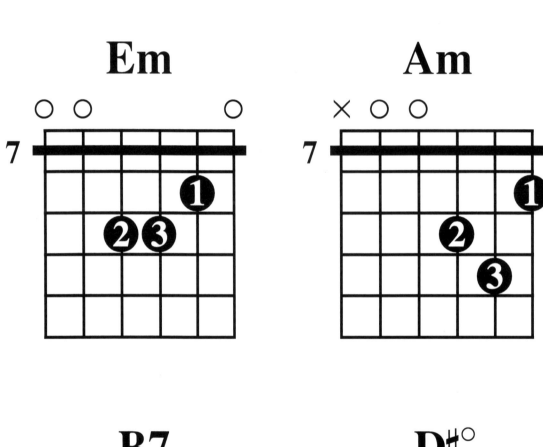

Em

Am

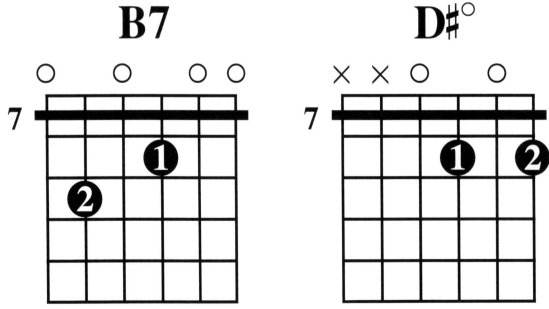

B7

D#°

Key of Em
CAPO 7th Fret

Em7

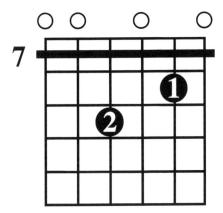

Em6

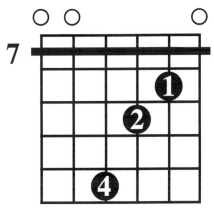

Em-Ma7

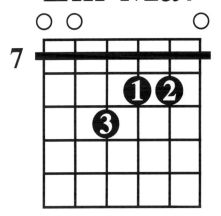

Em9

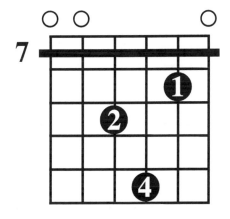

Em7♭5

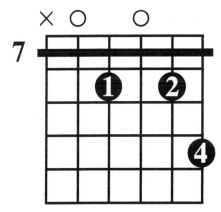

Key of B♭
CAPO 1st Fret

B♭

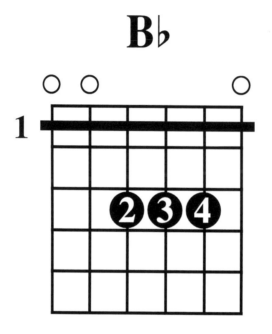

E♭   **F7**

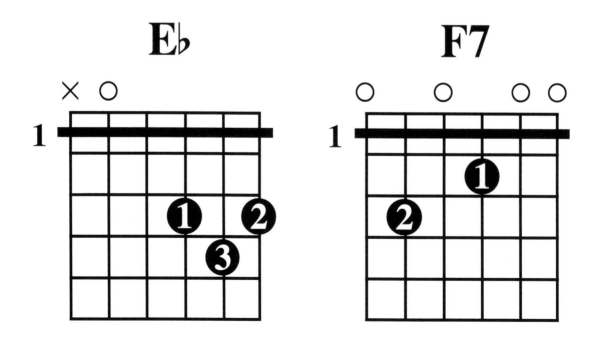

Key of B♭
CAPO 1st Fret

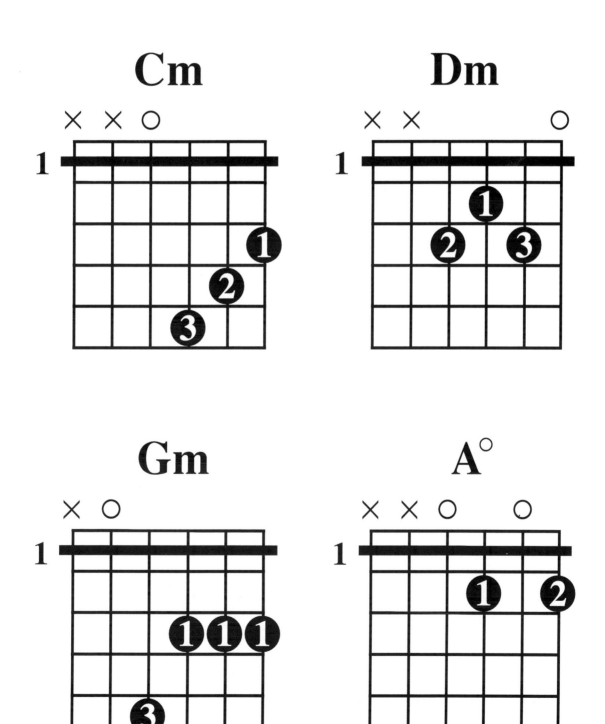

Key of B♭
CAPO 1st Fret

B♭Ma7

B♭m7

B♭6

B♭add2

B♭Ma9

B♭aug

Key of B♭
CAPO 6th Fret

B♭

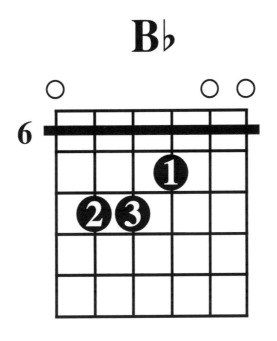

E♭   **F7**

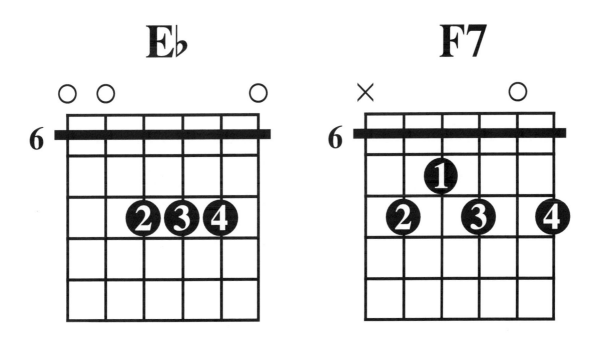

Key of B♭
CAPO 6th Fret

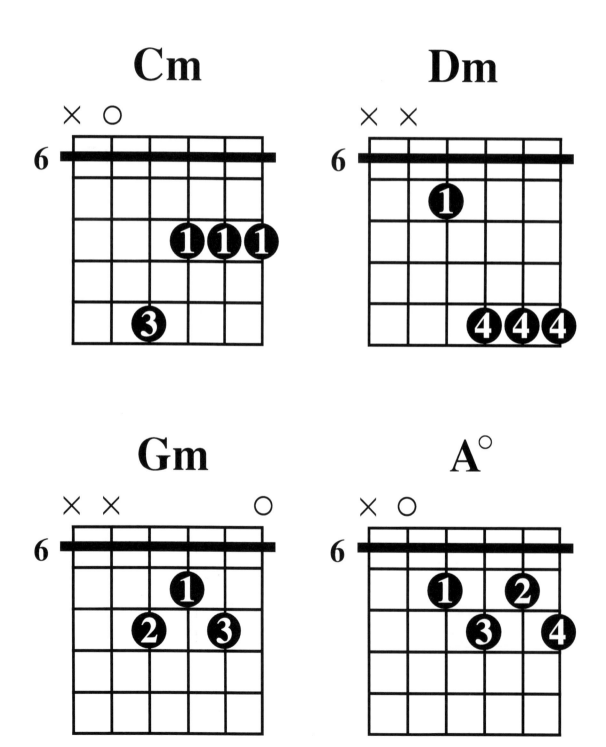

Key of B♭
CAPO 6th Fret

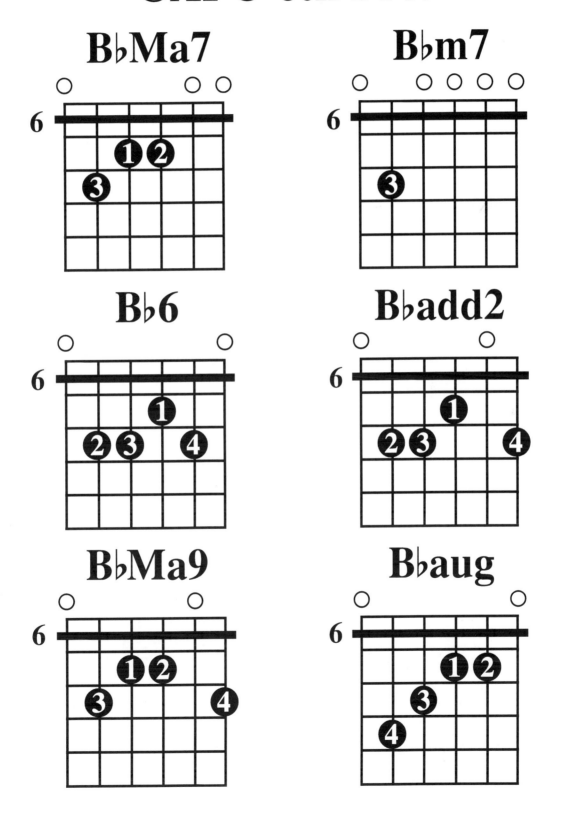

B♭Ma7

B♭m7

B♭6

B♭add2

B♭Ma9

B♭aug

Key of Gm
CAPO 3rd Fret

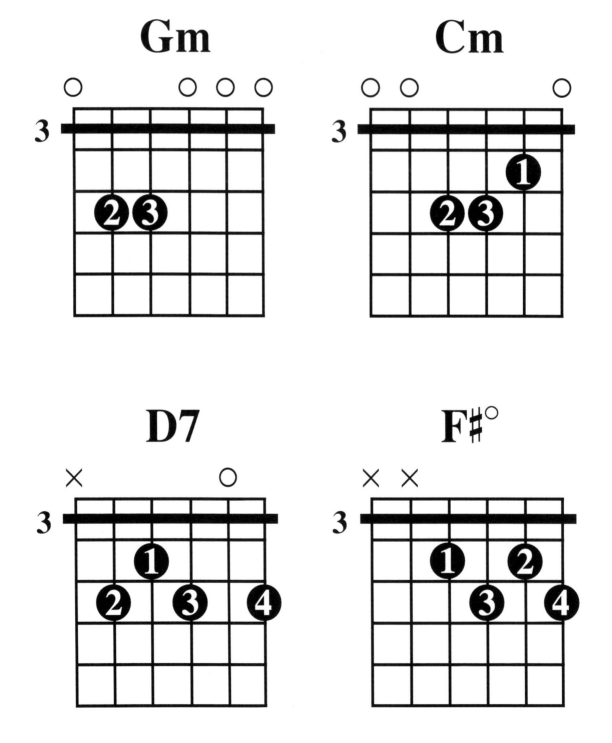

Key of Gm
CAPO 3rd Fret

Gm7

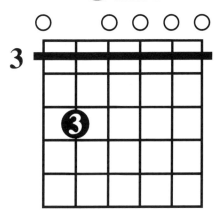

Gm6

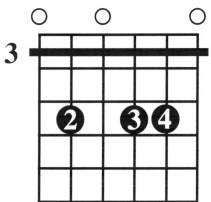

Gm-Ma7

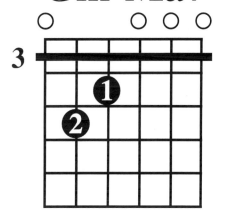

Gm9

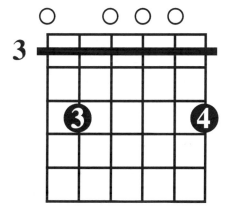

Gm7♭5

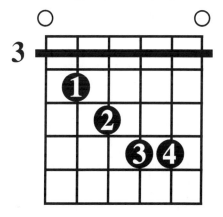

Key of Gm
CAPO 6th Fret

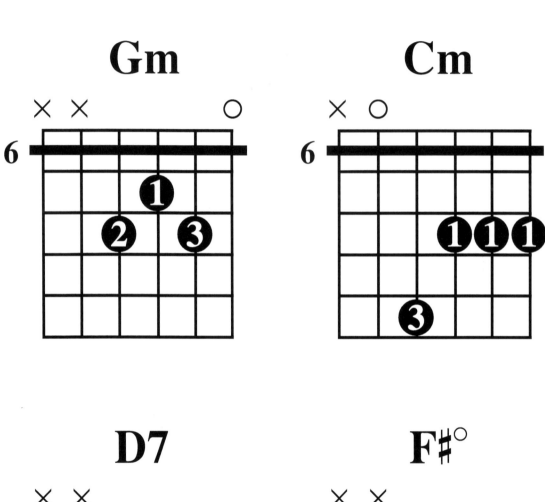

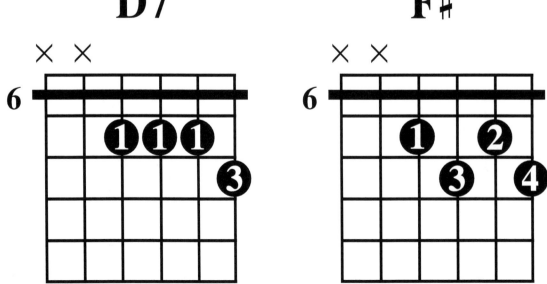

Key of Gm

CAPO 6th Fret

Gm7

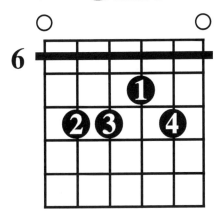

Gm6

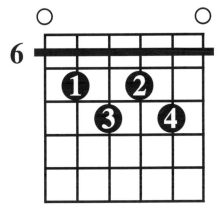

Gm-Ma7

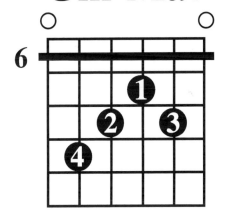

Gm9

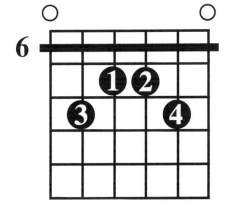

Gm7♭5

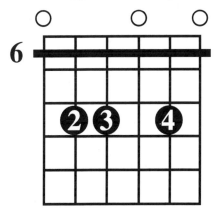

Key of D
CAPO 5th Fret

D

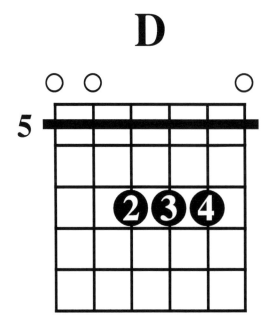

G   **A7**

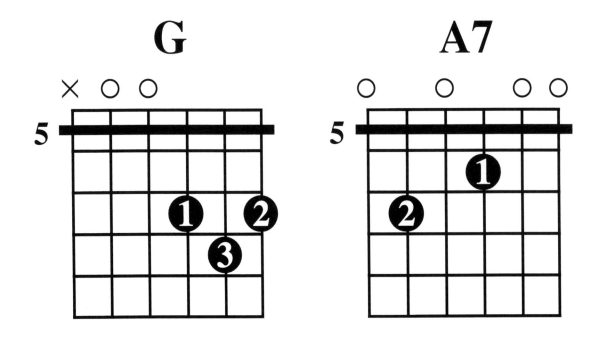

Key of D
CAPO 5th Fret

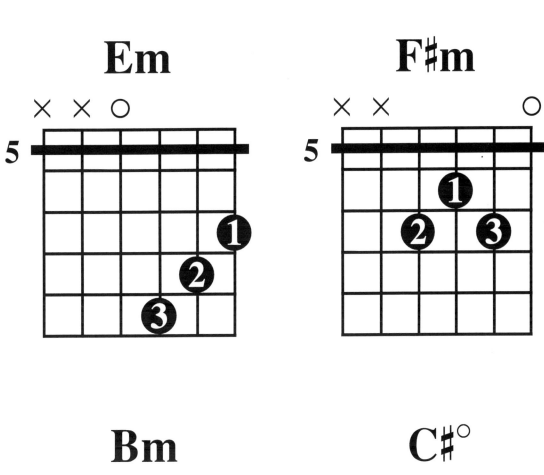

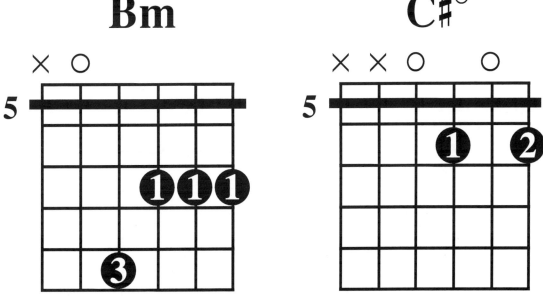

Key of D
CAPO 5th Fret

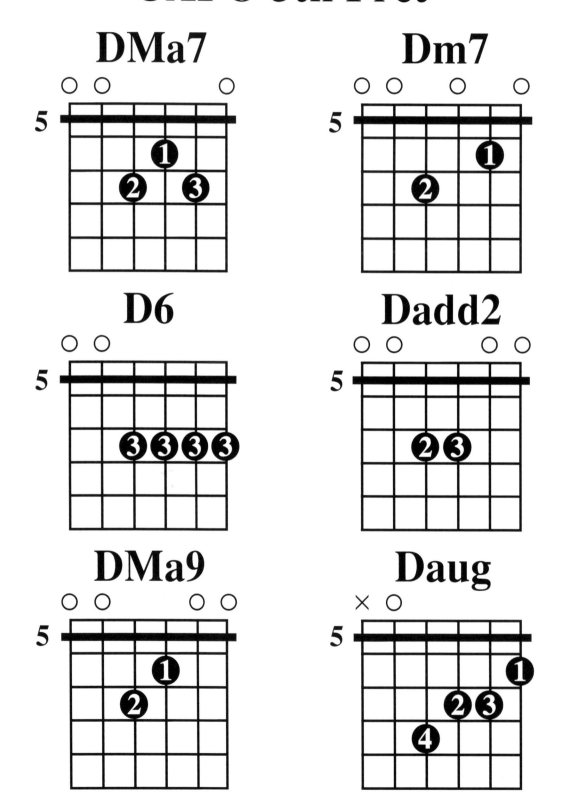

DMa7

Dm7

D6

Dadd2

DMa9

Daug

Key of D
CAPO 10th Fret

D

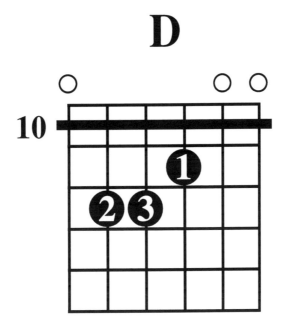

G   **A7**

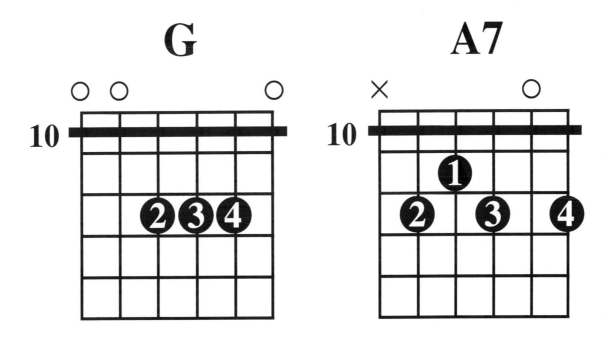

Key of D
CAPO 10th Fret

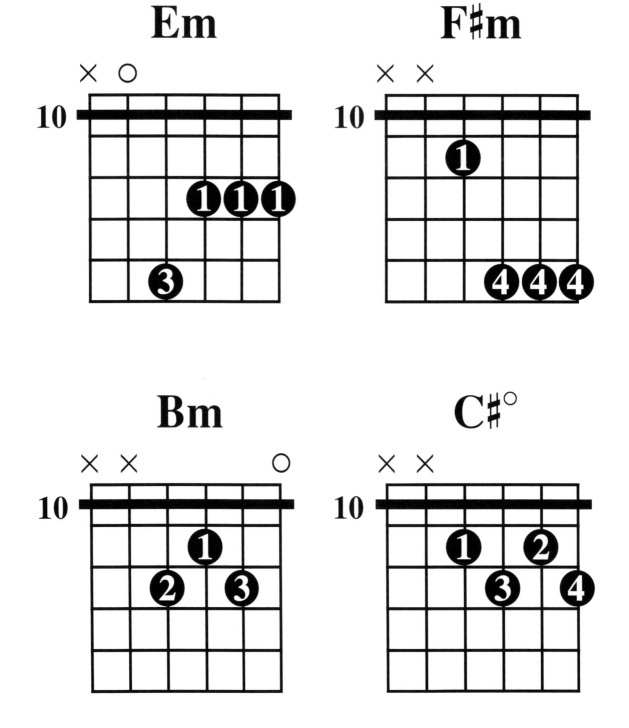

Key of D
CAPO 10th Fret

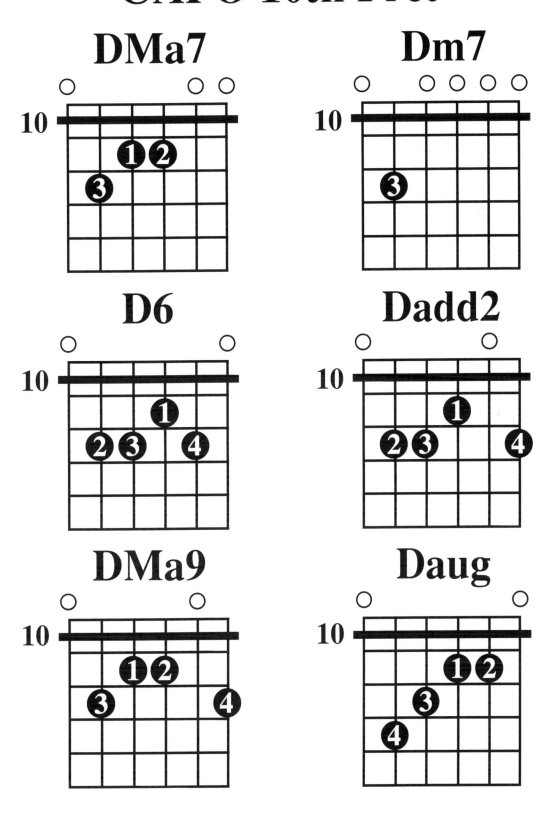

DMa7

Dm7

D6

Dadd2

DMa9

Daug

Key of Bm
CAPO 2nd Fret

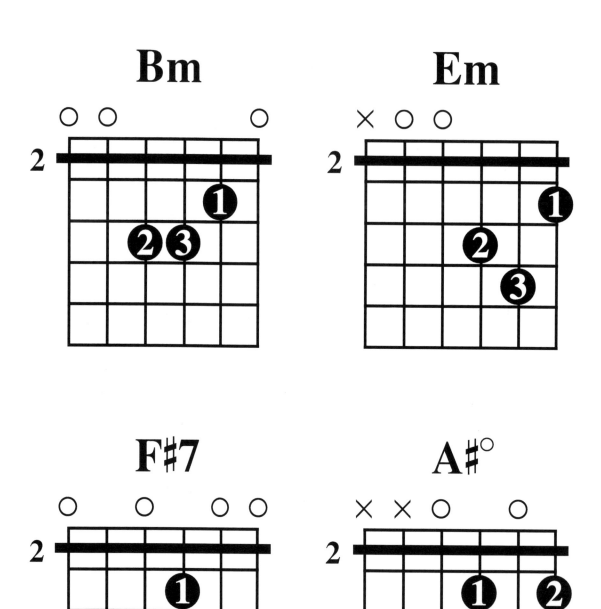

Key of Bm
CAPO 2nd Fret

Bm7

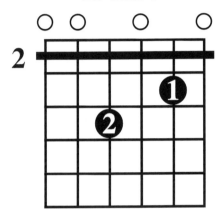

Bm6

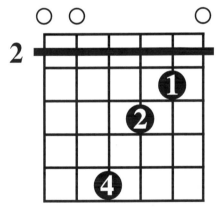

Bm-Ma7

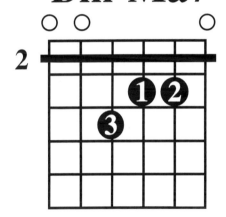

Bm9

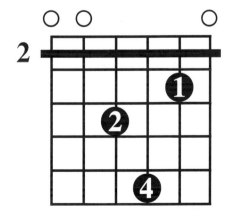

Bm7♭5

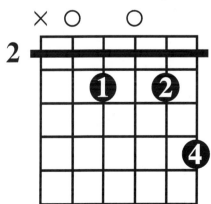

Key of Bm
CAPO 7th Fret

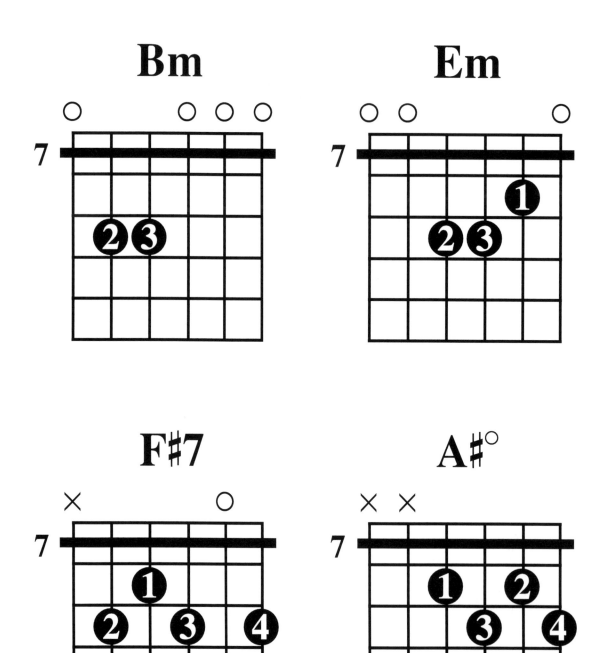

Key of Bm
CAPO 7th Fret

Bm7

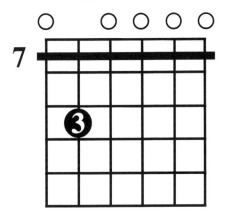

Bm6

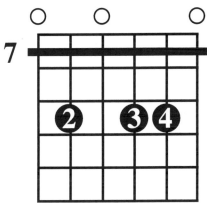

Bm-Ma7

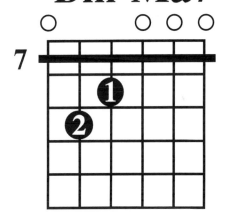

Bm9

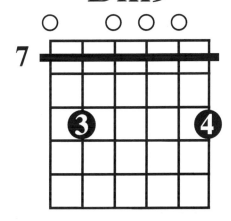

Bm7♭5

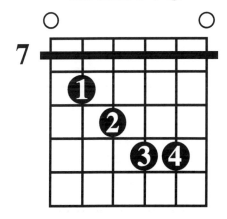

Key of E♭
CAPO 3rd Fret

E♭

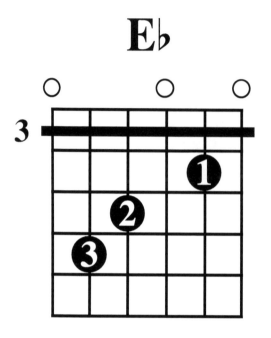

A♭   ### B♭7

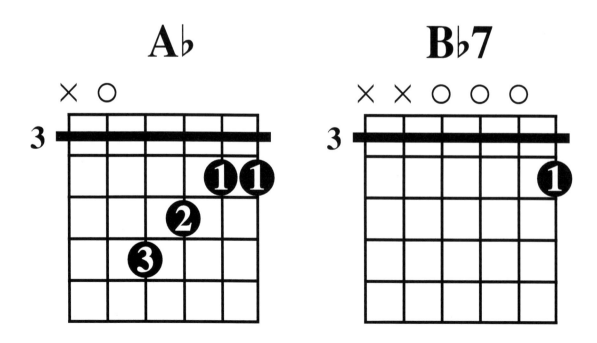

Key of E♭

CAPO 3rd Fret

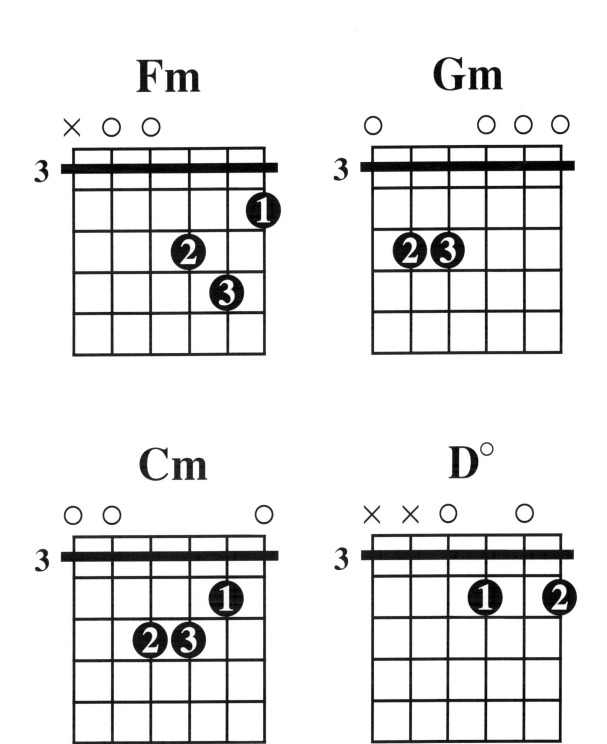

Key of E♭
CAPO 3rd Fret

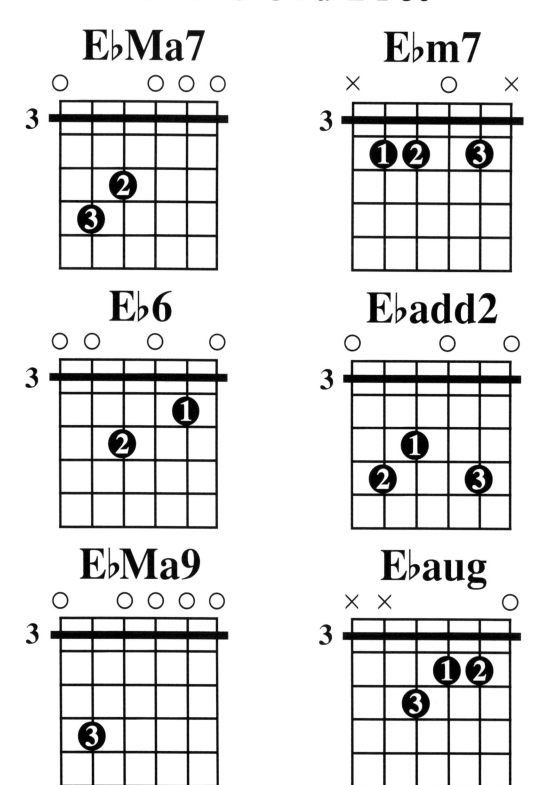

E♭Ma7

E♭m7

E♭6

E♭add2

E♭Ma9

E♭aug

Key of E♭
CAPO 6th Fret

E♭

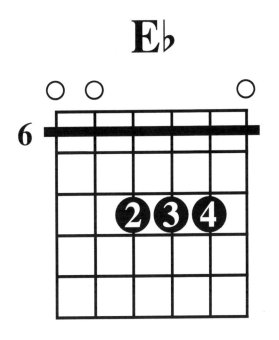

A♭   ### B♭7

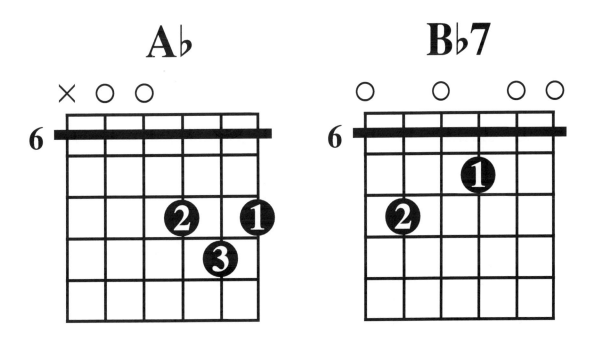

Key of E♭
CAPO 6th Fret

Fm

Gm

Cm

D°

Key of E♭
CAPO 6th Fret

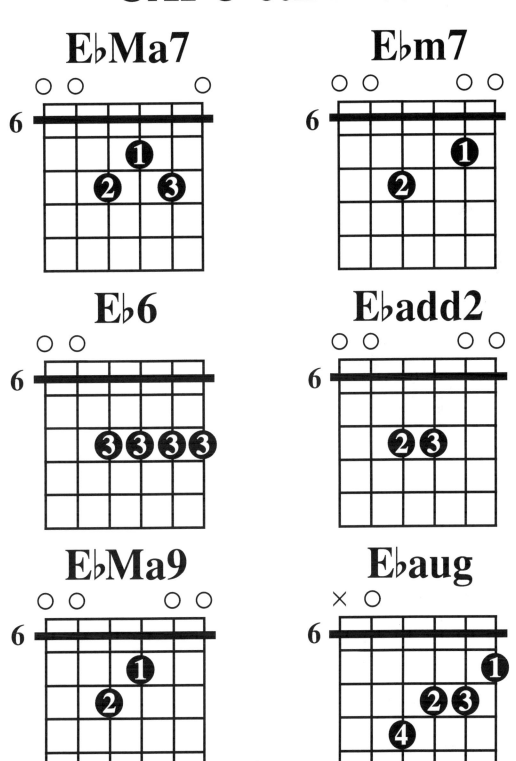

E♭Ma7

E♭m7

E♭6

E♭add2

E♭Ma9

E♭aug

Key of Cm
CAPO 3rd Fret

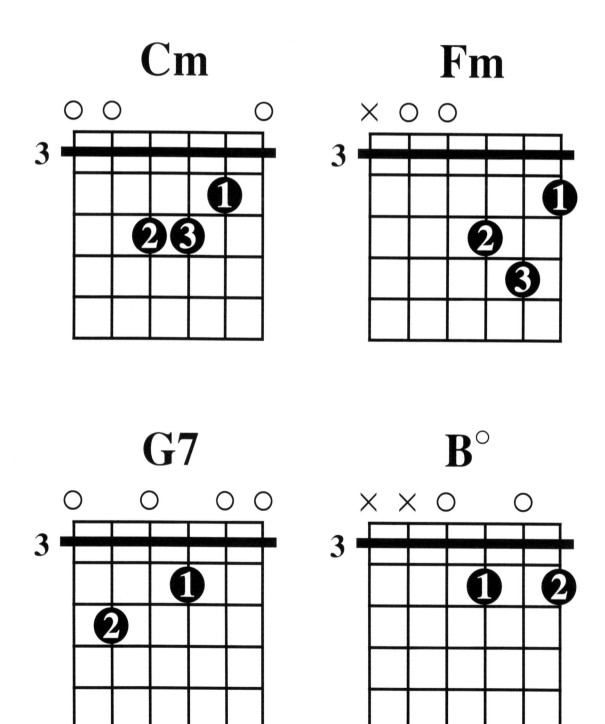

Key of Cm
CAPO 3rd Fret

Cm7

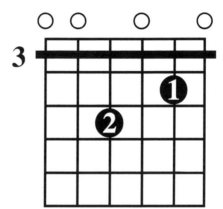

Cm6

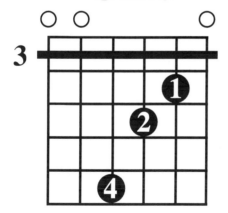

Cm-Ma7

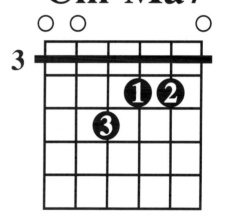

Cm9

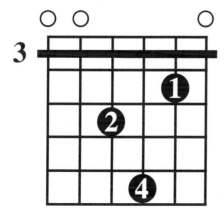

Cm7♭5

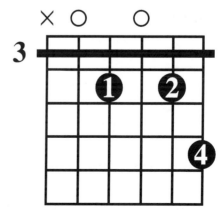

Key of Cm
CAPO 8th Fret

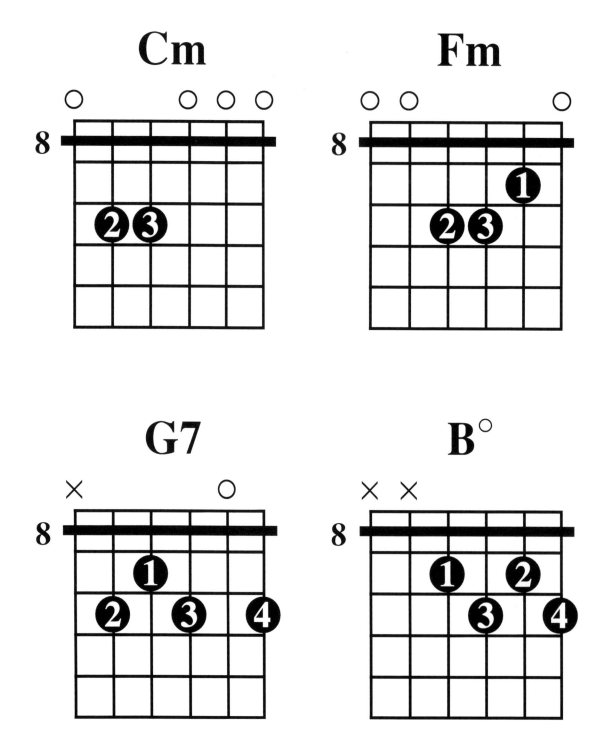

Key of Cm

CAPO 8th Fret

Cm7

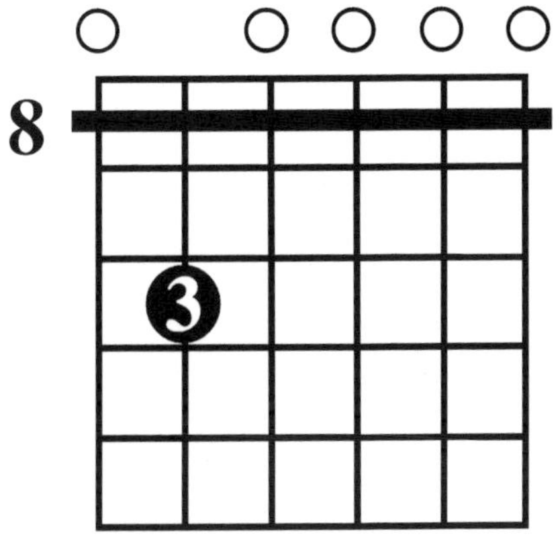

Cm6

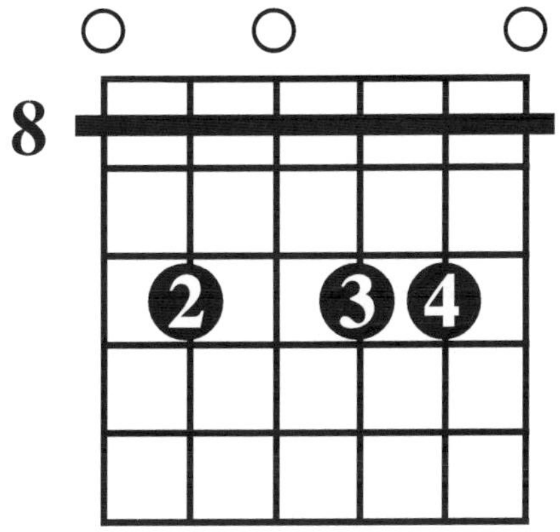

Cm-Ma7

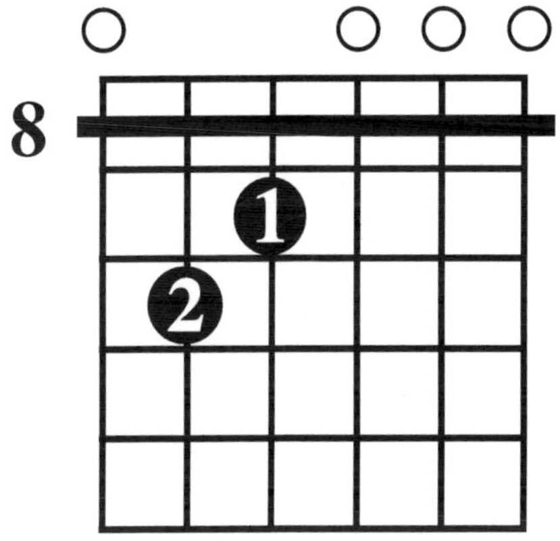

Cm9

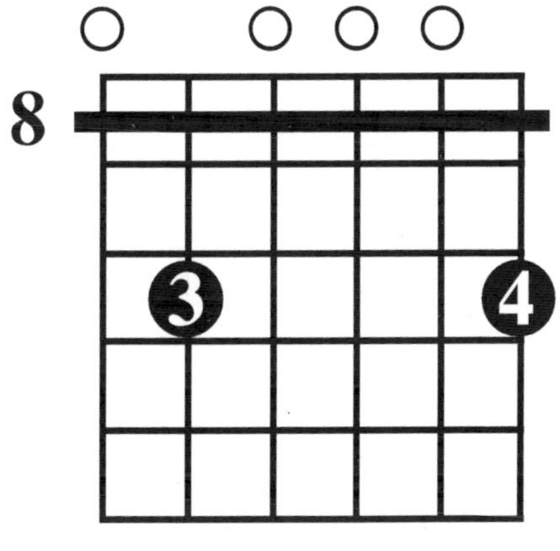

Cm7♭5

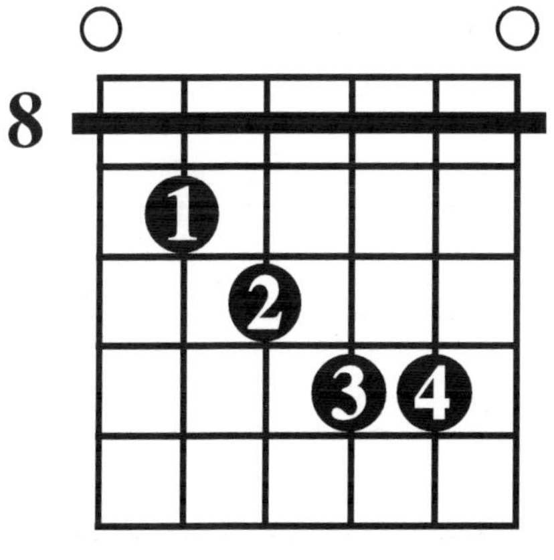

Key of A
CAPO 5th Fret

A

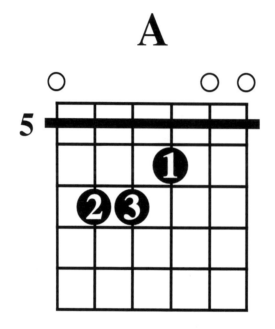

D   **E7**

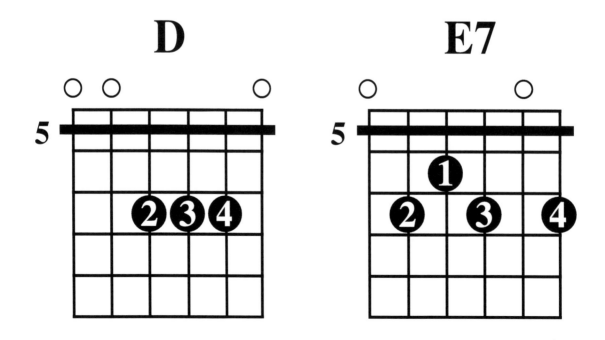

Key of A

CAPO 5th Fret

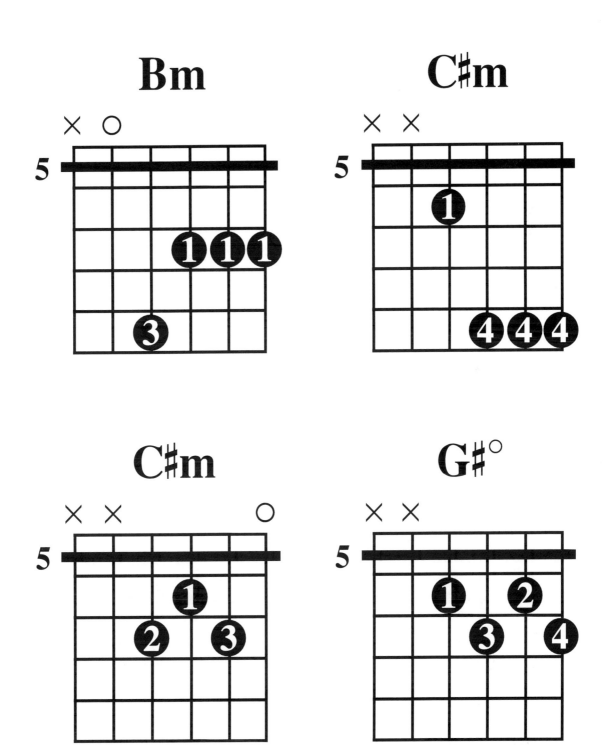

Key of A
CAPO 5th Fret

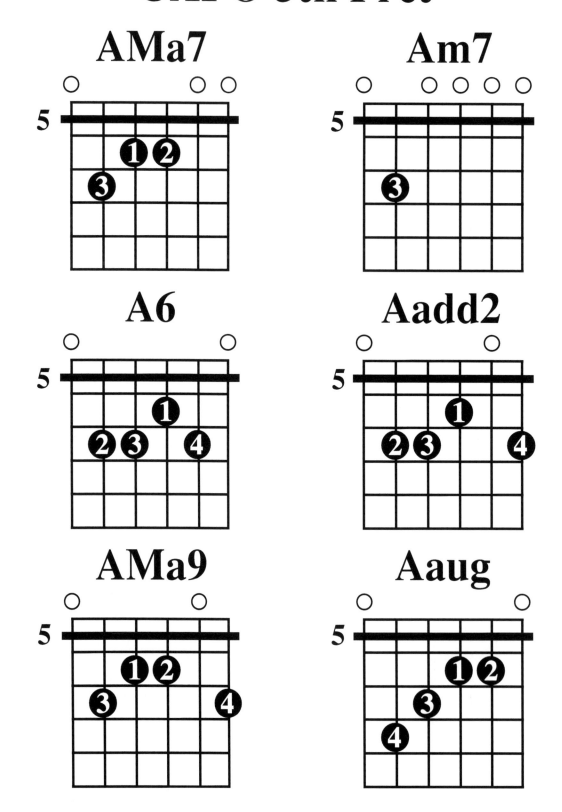

AMa7

Am7

A6

Aadd2

AMa9

Aaug

Key of A
CAPO 9th Fret

A

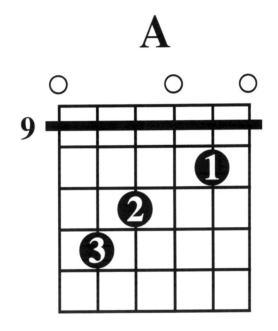

D   **E7**

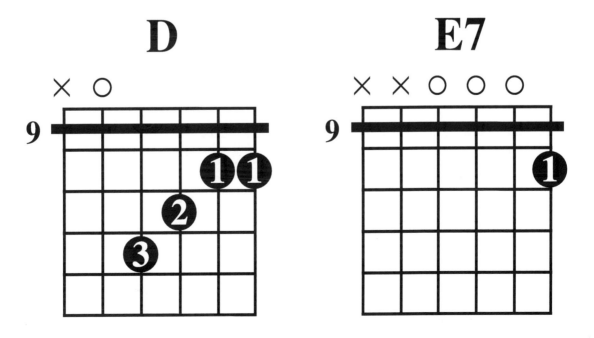

Key of A
CAPO 9th Fret

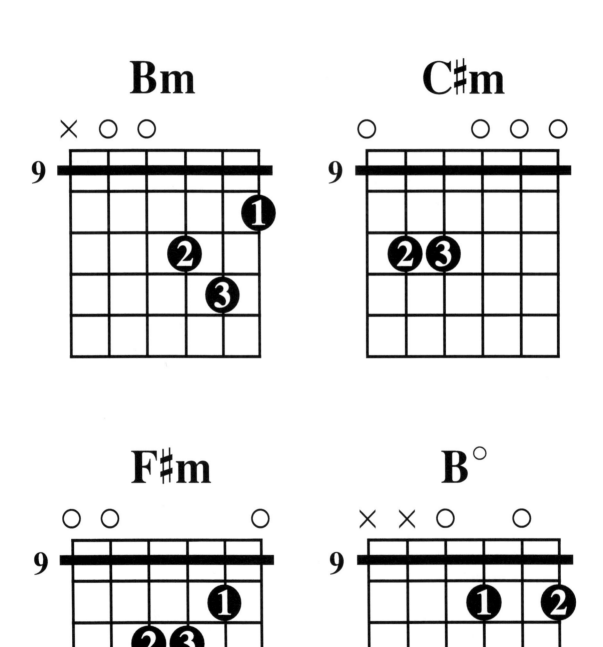

Key of A
CAPO 9th Fret

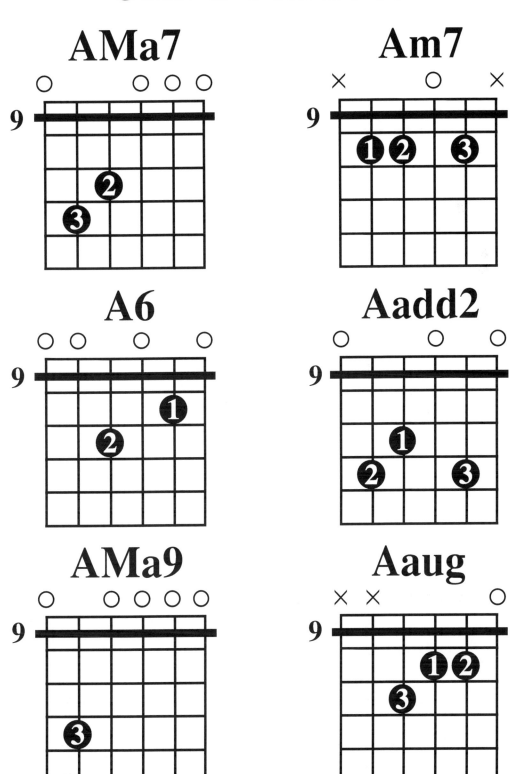

AMa7

Am7

A6

Aadd2

AMa9

Aaug

Key of F#m
CAPO 2nd Fret

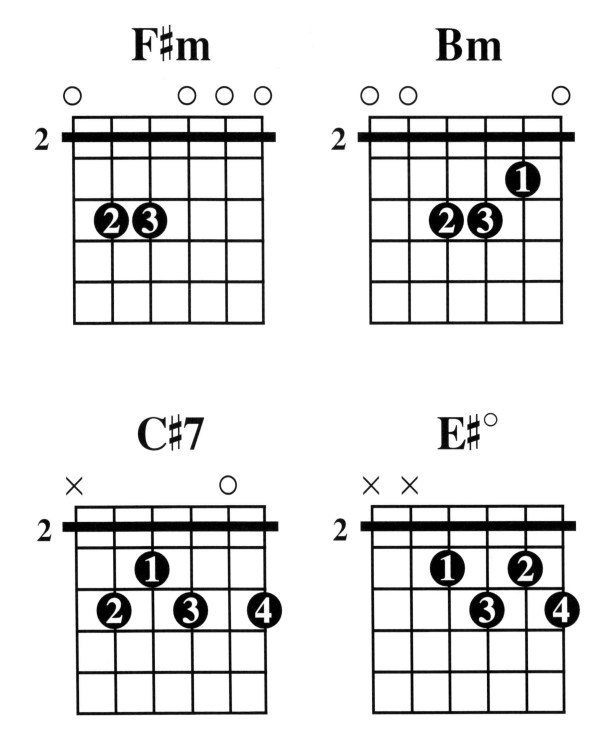

F#m   Bm

C#7   E#°

Key of F#m
CAPO 2nd Fret

F#m7
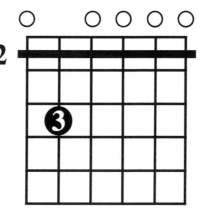

F#m6
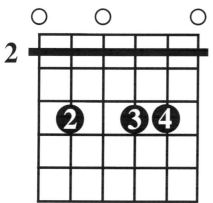

F#m-Ma7
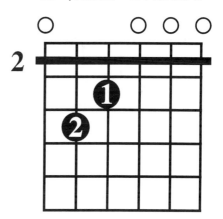

F#m9
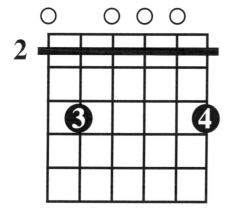

F#m7♭5
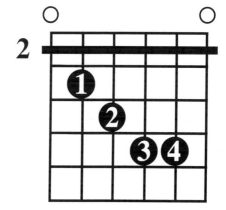

Key of F#m
CAPO 5th Fret

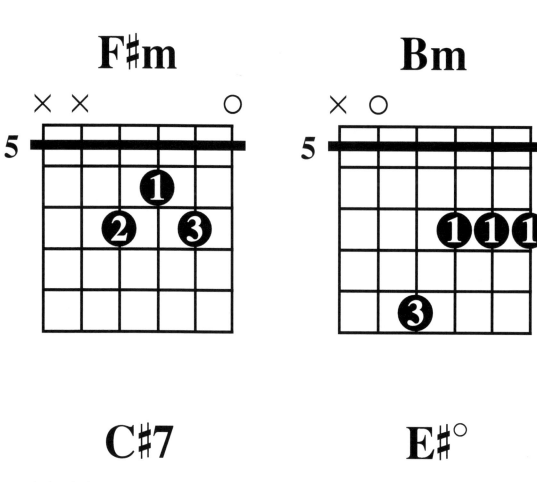

F#m

Bm

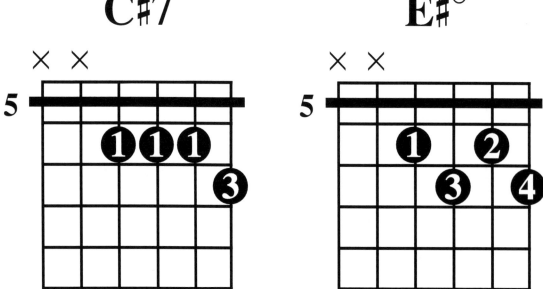

C#7

E#°

Key of F#m
CAPO 5th Fret

F#m7
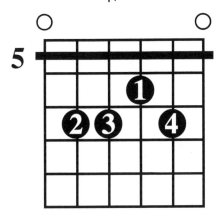

F#m6
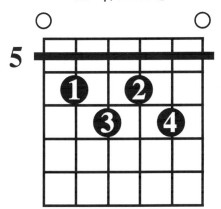

F#m-Ma7
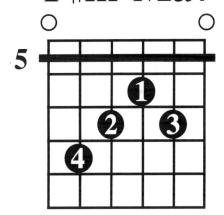

F#m9
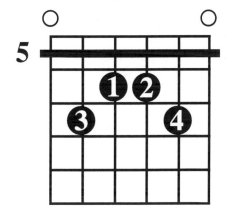

F#m7♭5
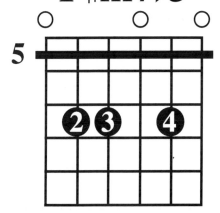

Key of A♭
CAPO 1st Fret

A♭

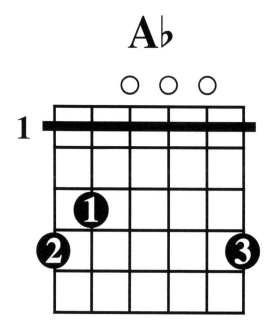

D♭

E♭7

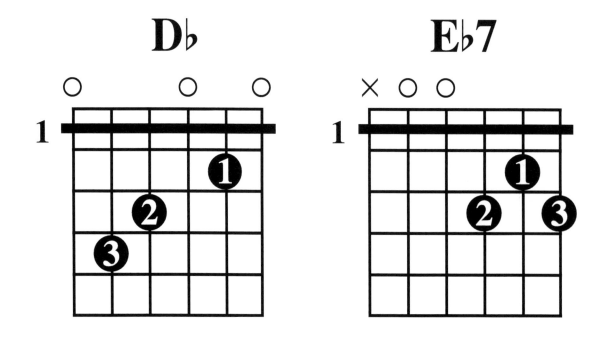

Key of A♭
CAPO 1st Fret

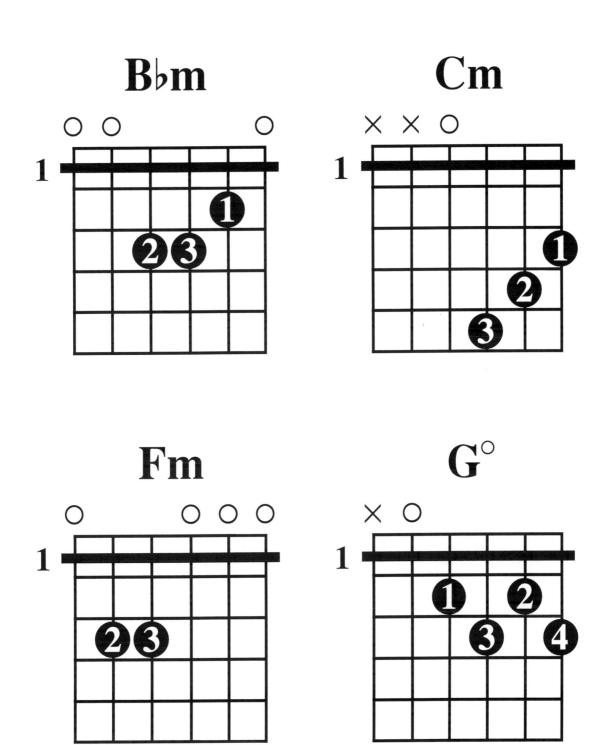

Key of A♭
CAPO 4th Fret

A♭

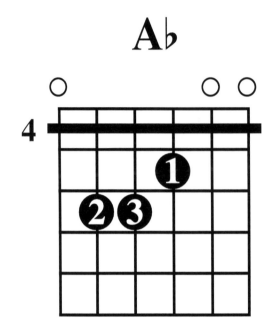

D♭   **E♭7**

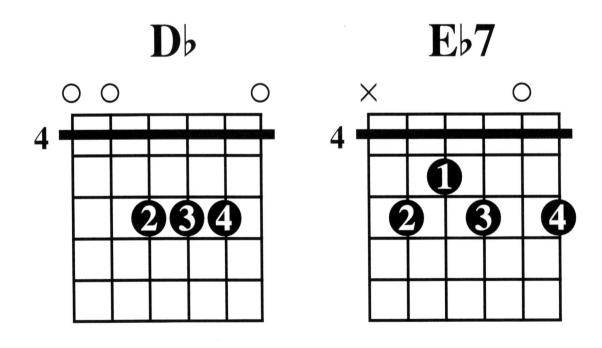

Key of A♭
CAPO 4th Fret

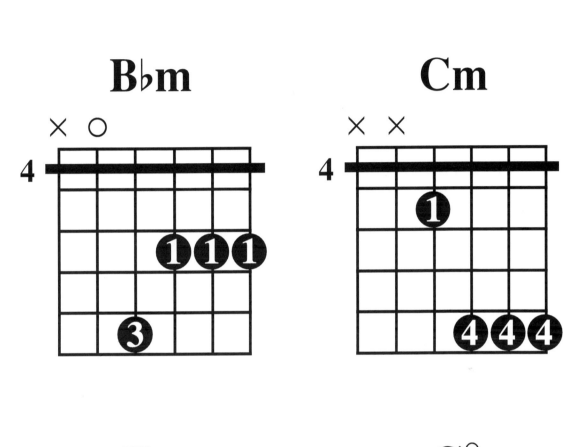

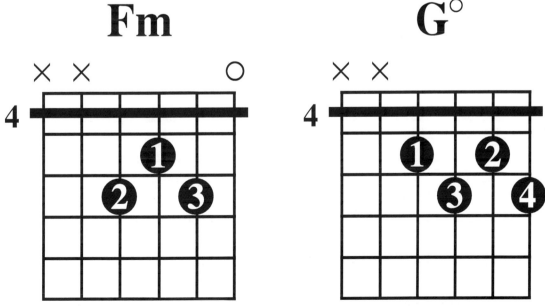

Key of Fm
CAPO 1st Fret

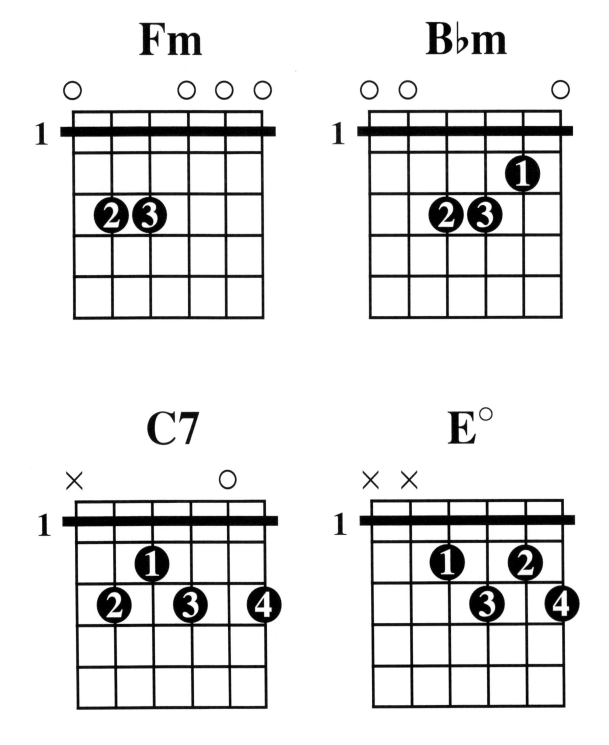

Fm

Bbm

C7

E°

Key of Fm
CAPO 4th Fret

Fm

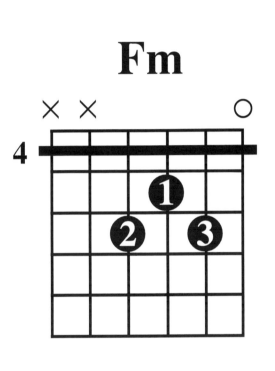

B♭m

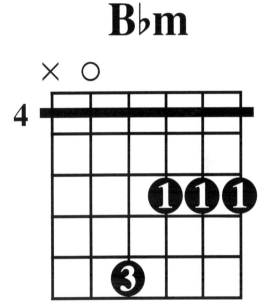

C7

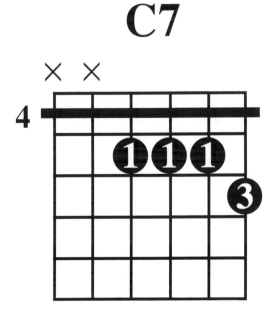

E°

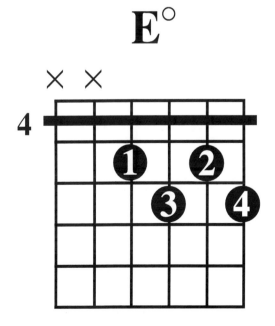

Key of E
CAPO 4th Fret

E

A   **B7**

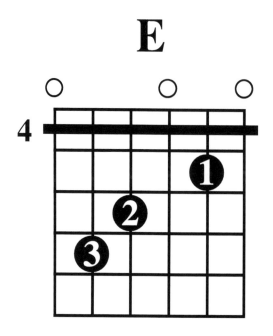

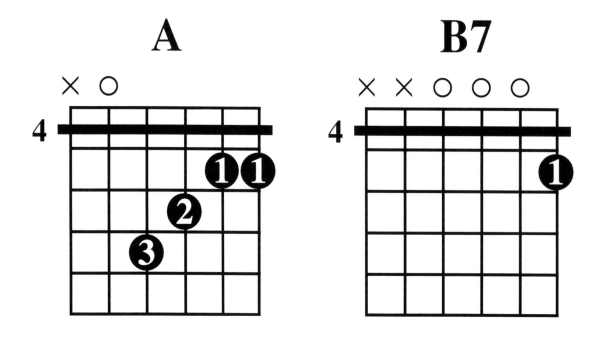

Key of E
CAPO 4th Fret

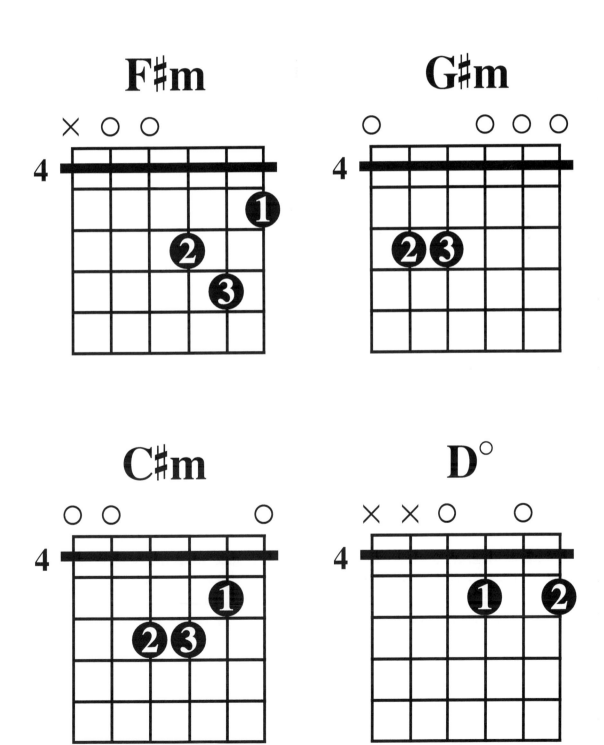

Key of E
CAPO 7th Fret

E

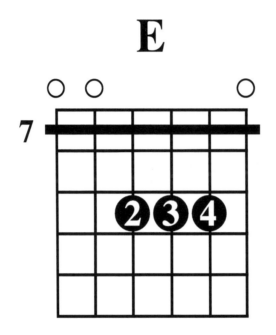

A   **B7**

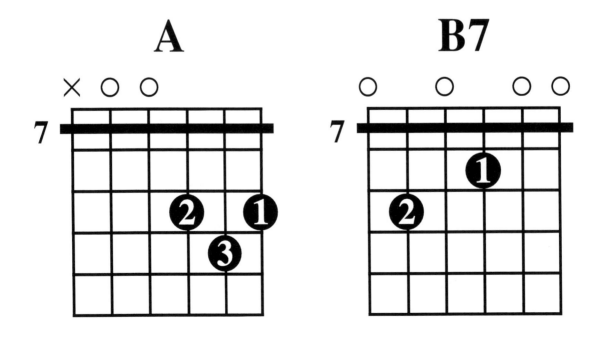

Key of E
CAPO 7th Fret

F#m

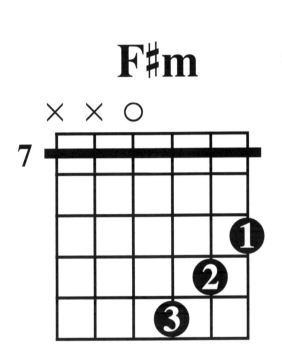

G#m

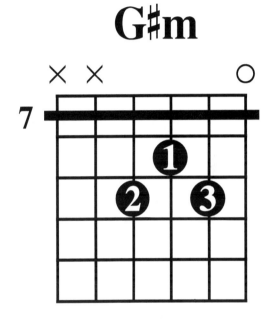

C#m

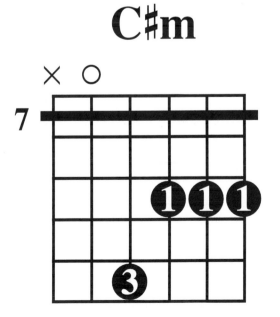

D#°

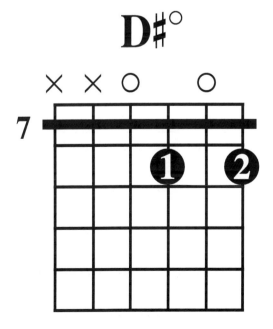

Key of C#m
CAPO 4th Fret

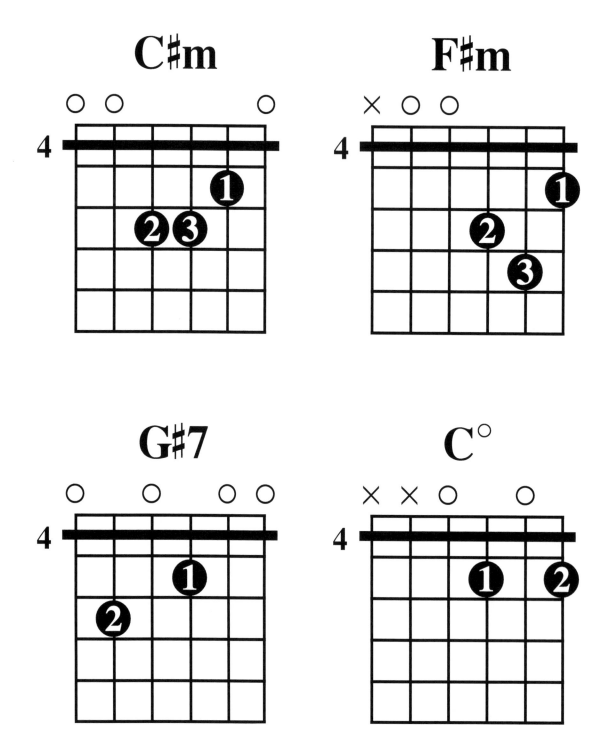

Key of C#m
CAPO 9th Fret

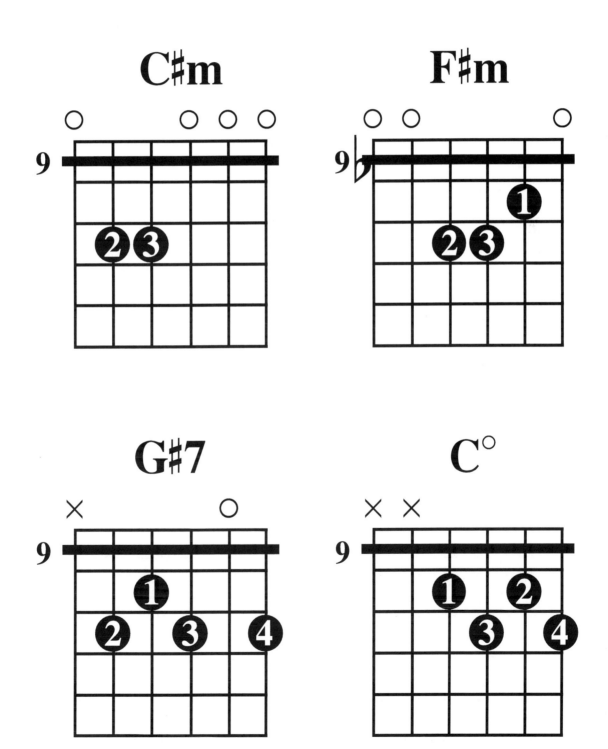

Key of D♭
CAPO 1st Fret

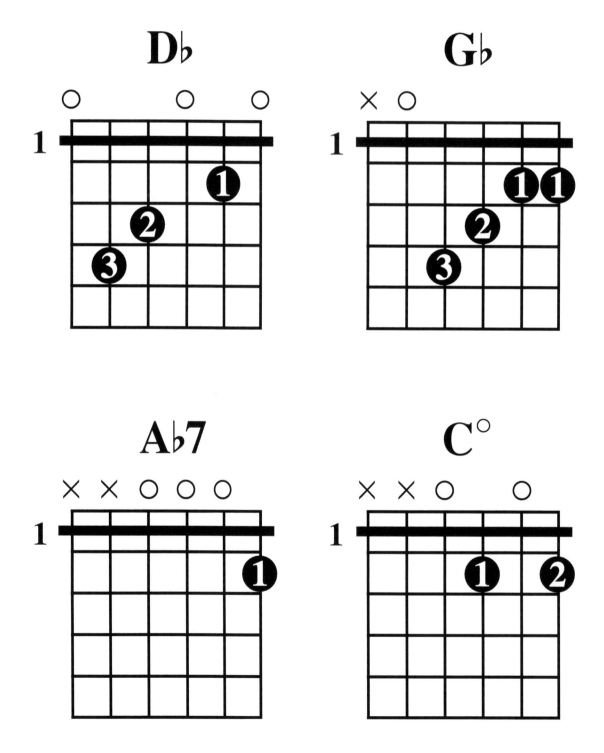

Key of D♭

CAPO 4th Fret

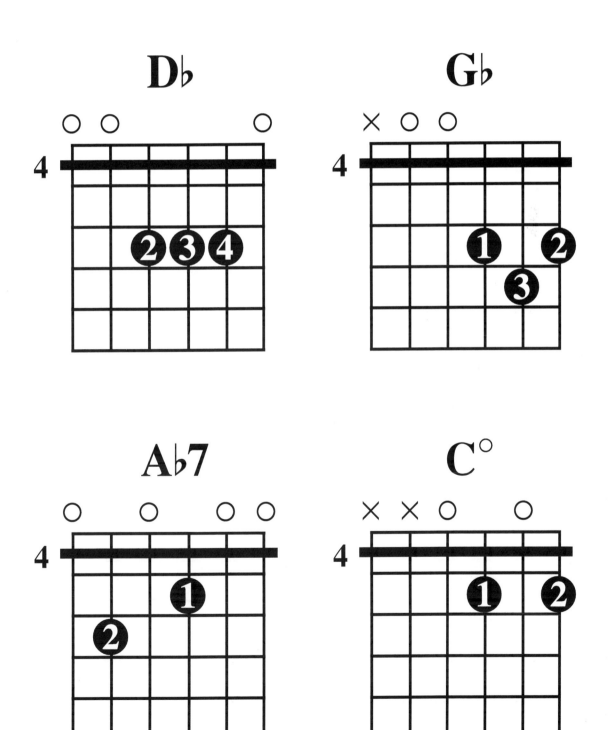

Key of B♭m
CAPO 6th Fret

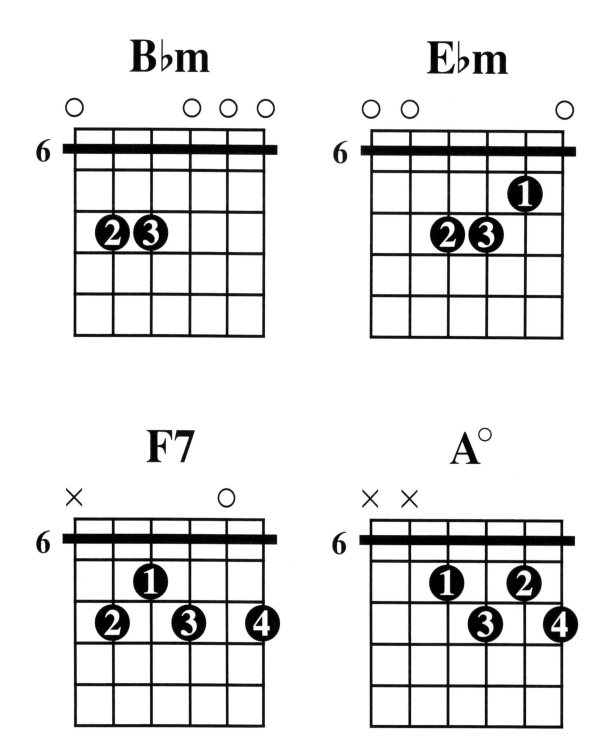

Key of B♭m
CAPO 6th Fret

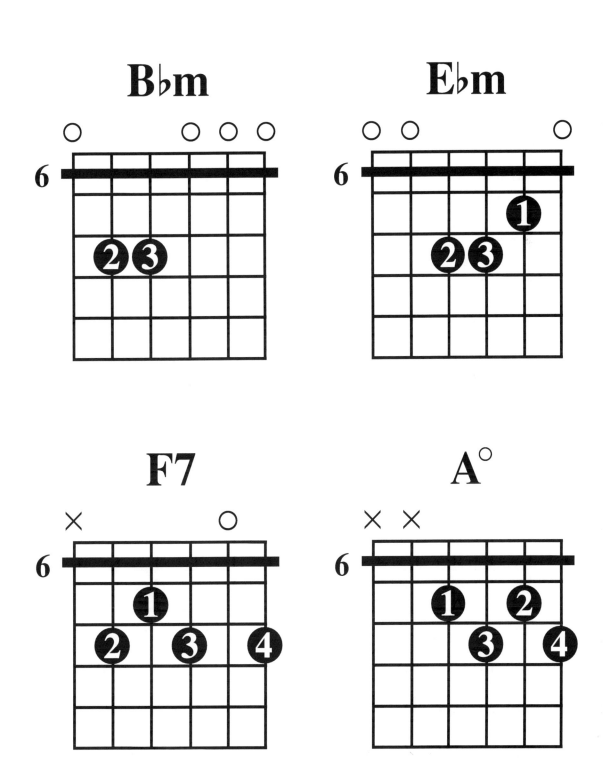

Key of B
CAPO 2nd Fret

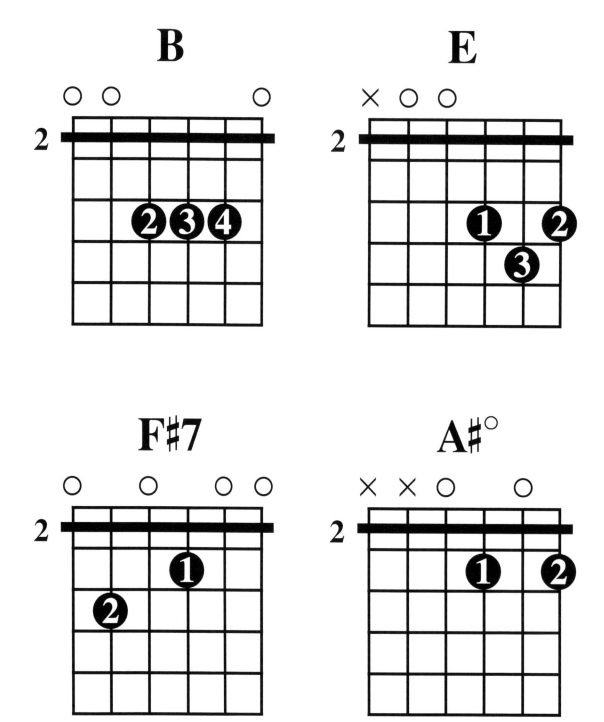

Key of B
CAPO 7th Fret

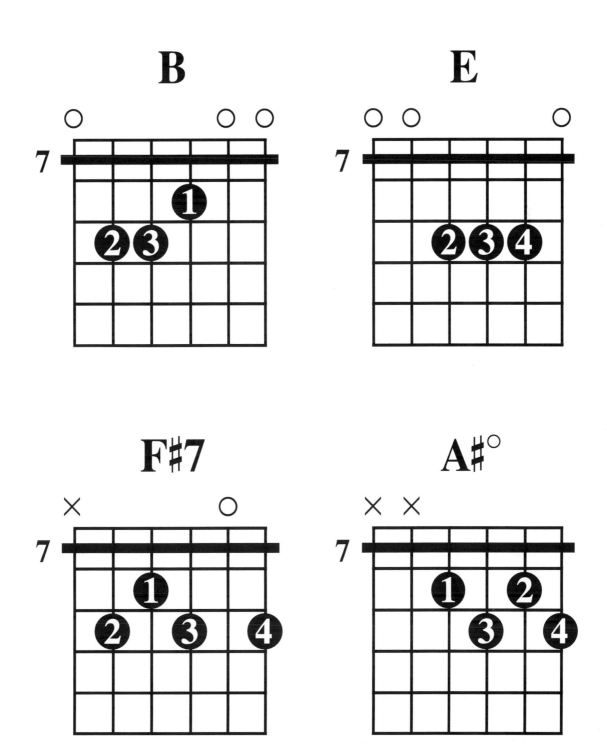

Key of G#m
CAPO 4th Fret

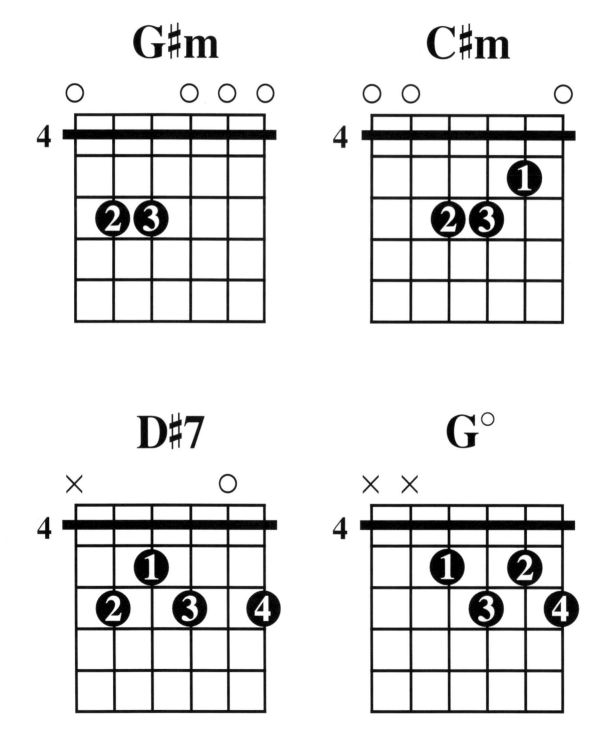

Key of G#m
CAPO 7th Fret

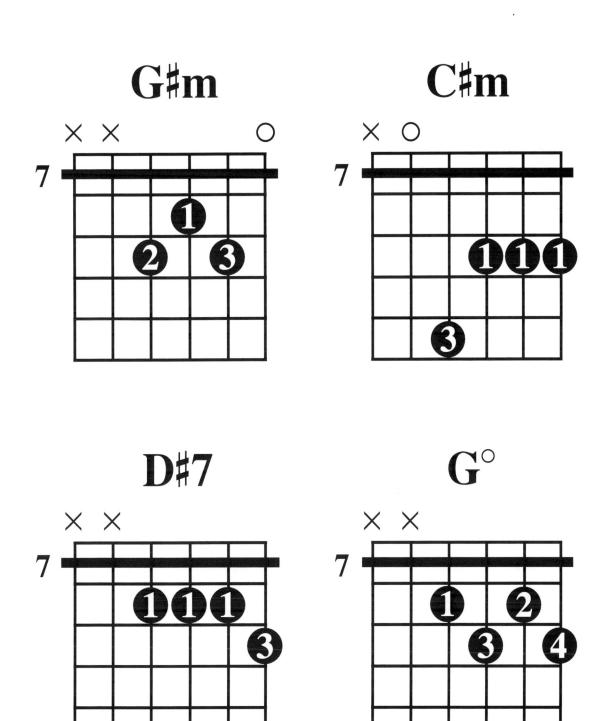

Key of Gb/F#
CAPO 2nd Fret

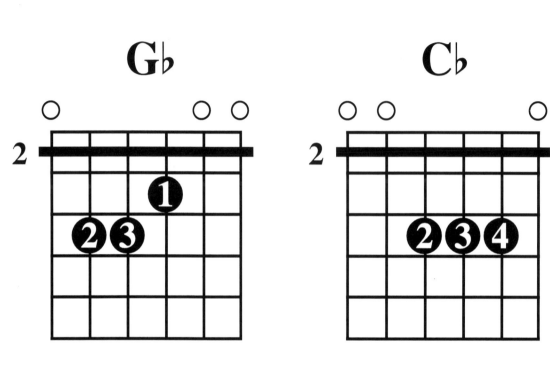

Gb   Cb

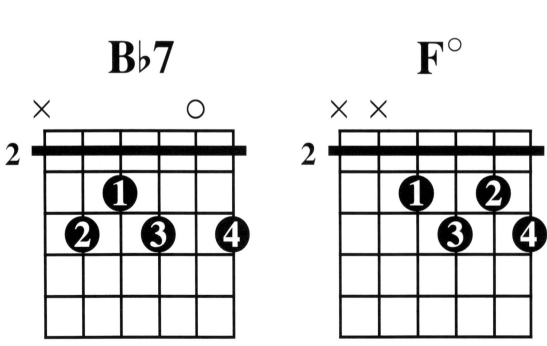

Bb7   F°

Key of G♭/F♯

CAPO 6th Fret

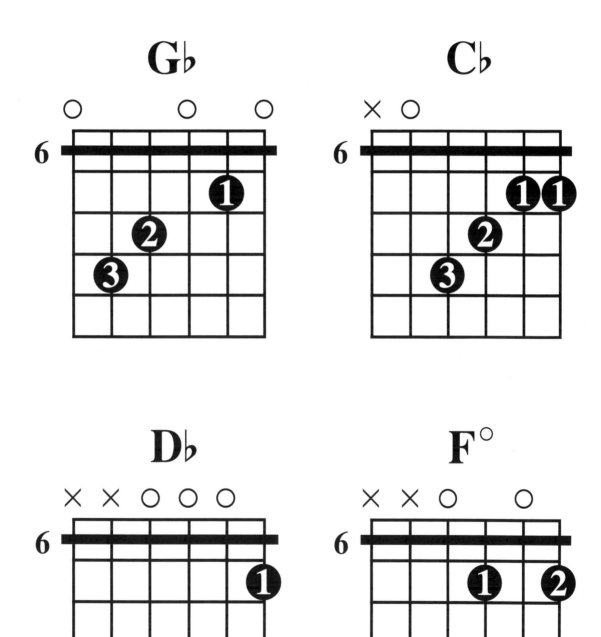

Key of E♭m/D♯m

CAPO 2nd Fret   **CAPO 6th Fret**

E♭m

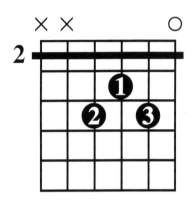
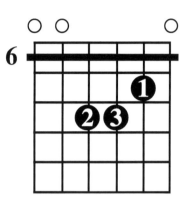

A♭m

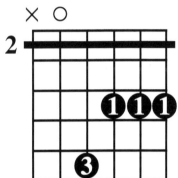
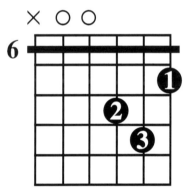

B♭7

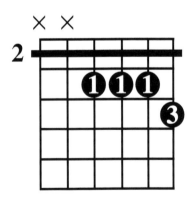
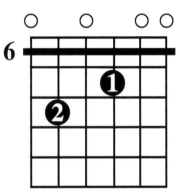

D°

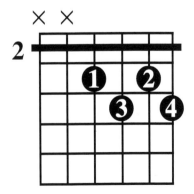
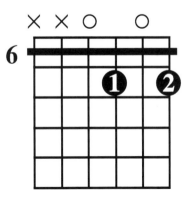

Made in the USA
Charleston, SC
08 July 2011